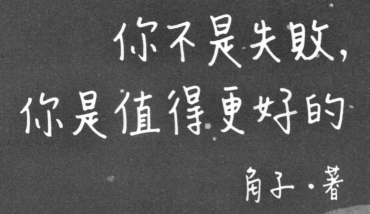

你不是失敗，
你是值得更好的

角子・著

你不是失敗，
你是值得更好的

　　從小到大，我們或多或少都有過「失敗」的經驗。可是這次很傷，這次很不一樣，因為這是一次「感情」的失敗。

　　會覺得「失敗」，是因為真的很在乎，對不對？

　　曾經以為兩個人就會是那樣了，一起走過了那麼多的快樂，雖然偶爾也會爭吵，但妳認為只要努力，就沒有過不去的關，沒有不能克服的路。

　　起碼，是他說過的，那些他要帶妳去的地方，要一起走的人生路，每一句，妳都記得。

　　結果，他走了，可是妳還在這裡，妳不敢離開。因為妳不知道他是不是真的不會再回來？因為妳覺得只要離開，這一切就會永遠成為過去，無法再重來。

　　會覺得「失敗」，是因為覺得好可惜，對不對？

　　兩個人曾經一起看過的風景，一起經歷的感動，一起做過的

夢和分享過的內心話，當時是真的覺得，那就是「幸福」了。

「凡揮汗耕耘者，必歡呼收割」，妳懂這個人生道理，但是在感情裡卻經常不是那樣。那場妳留不住的感情，還是挽不回的那個人，妳最後不是白忙一場而已，妳還受了一身的傷。

妳內心的心痛和遺憾，即便訴說，別人也無法真的理解，那就是每一個傷心人都必須的獨自走過。

所以，妳才會來到這裡；所以，我們才會在這裡相遇。

沒有約定，毋需標記，每一個在回憶中的獨行者，都是一個有故事的旅人。我們總是各自專注在自己的回憶和傷心裡，全然無覺，其實妳的癡心，從不曾孤獨。

就在這個世界的那裡，就在這個城市的這裡，甚至剛剛正與妳交會而過的那個人，也許就跟妳一樣正在為感情傷感，一樣覺得好捨不得。

親愛的，事實是，這個世界從來都不缺乏癡心。就只盼，癡心能夠相遇而已。

而我們又是在那場遺憾裡虛耗了多久，才終於想通了，原來

要在「不可能」裡期盼「可能」，要在「不幸福」裡耕耘出「幸福」，是多麼地消耗自己跟不合邏輯。

也許，並不是因為我們做錯了什麼，才沒能留住那份感情，而是我們從一開始就認錯了人；我們應該努力的，並不是讓一顆不願意理解我們的心，終於懂得我們，而是我們應該花更多時間去尋找，一顆從頭到尾都願意試著瞭解我們的心。

就像，妳當時願意瞭解他那樣。妳沒有猶豫，更幾乎不曾考慮，妳就是願意為他付出，願意犧牲自己的喜歡，只願他能快樂——妳要找的，就是一個願意像「妳」這樣對待妳的人。

因為「幸福」一定是「雙方」都會有相同的感受，當妳快樂，他也會快樂；當妳傷心，他一定也會覺得痛苦。

妳真的盡力了，妳一直是那份感情裡，那個「單方」努力的人。他願意為這份感情做的事情這麼少，可是妳還是一直給他機會，那妳自己的機會呢？妳自認沒有對不起他，但妳曾經想過對得起自己嗎？

妳不是失敗，是他完全不符合「幸福」的標準；妳不是失敗，是妳終於看清楚，他真的不可能讓妳幸福。

在感情裡的每一個我們自以為的「失敗」，其實都是一次我們對幸福「成功」的學會。學會幸福的姿態應該是「互相給予」而不是「等待施捨」；學會看見幸福的角度一定是彼此「平視」，而不是卑微地「仰視」；學會幸福前進的速度一定是「一起」，而不是「苦苦追隨」。

這本書就是我想跟妳（你）分享的二十一個我們當時自以為「失敗」，卻其實正在開啟著另一個「成功」的旋轉門——妳可以選擇讓自己繼續耽溺在失敗，也可以像許多人那樣用力推開門，讓這一次的傷心，成為下一個成功的開始。

此外，我在書寫這本書前，在社群平臺對讀者們發出徵求故事的邀約，最後在收到的千封來信裡挑選了五個故事，然後跟他們見面，更深入地瞭解當時那些深情的緣由。這五個故事分別代表著我們在愛裡都會經歷的五種狀態：守候、勇敢、走過、追尋跟懷念。

從前，我收藏著那些傷心人發來的訊息，這次我想邀請大家一起走進那些故事，那不只是他們的真心，那也是我們曾經的來時之路。更重要的是，他們都曾經自認為「失敗」，可是他們沒有放棄自己的權利，最後他們又站起來，重新走向幸福。謝謝他們的勇敢和無私分享，於是我們才得以目睹這五個在愛裡反敗為勝的真實故事。

妳想過嗎？為什麼上天沒有讓妳繼續滯留在那份感情裡？為什麼上天寧可用一次巨大的傷心，來讓妳離開？

　　那是因為妳的誠摯，值得更好的發生；因為妳的善良，值得更好的對待。

　　親愛的，妳不是失敗，妳是值得更好的。

　　每一個終於遇見幸福的人，他們即便在幸福發生的前一秒鐘，也不會知曉。所以我們才更要守護好對愛的誠懇和初心，因為那就是妳將和另一顆善良的癡心，彼此相遇的印記。

　　這條路，我會陪妳，這是我寫的每一本書最大的目的。可是這一本除了「陪伴」，我更想獻上的是「祝福」，是請妳相信，勇敢的人一定會幸福的「祝福」。

　　如果可以，我想請妳把這本書的封面攤平，然後妳會看見，兩個傷心的人，在月光下的兩顆癡心，原來竟如此靠近。

　　妳永遠不會知道，原來幸福正離妳有多近？！

　　所以，請妳一定要勇敢往前，才會真的看見。

角子 11/11/2019 台北

目錄

妳不必變得更好，
才值得被愛

　　妳剛失戀，妳還在傷心，在那場彷彿永遠走不完的低潮裡，妳看過許多激勵自己的書，聽了許多姊妹淘的建議，最後，妳決定要讓自己變成一個更好的人。

　　妳想要變得更好，最基本的目的是要讓他後悔，後悔那麼輕易就放掉妳。妳告訴自己一定要做到！因為妳只有變得更好，才能遇見更好的人。

　　妳開始積極運動，用心打扮，努力做許多讓自己「看起來」更好的事情。至於那些旁人「看不出來」的事，那才是妳整個變身計畫裡最辛苦的部分──妳開始檢討自己在那段感情裡犯過的錯，因為妳只有不再犯相同的錯，才能再遇見幸福。

　　妳回想起那些他曾經批判過妳的話，也許是妳的外表，也許是個性。「外表」的改變，或許花一點時間、吃點苦就可以；

可是「個性」的改變真的好難。妳「太黏」、「太沒有安全感」……那些他針對妳的性格直接說出的不喜歡，直到現在都還會讓妳覺得難堪。妳覺得也許自己最應該調整的是「不要那麼在意愛情」，如果妳可以做到不要那麼在乎所愛的人，不要那麼容易想念，不要那麼輕易就坦白地交出自己——就像他那般瀟灑，那麼遊刃有餘，妳應該就不會在那份愛裡不堪成那樣。

那不是妳，那不是妳真心想成為的自己。妳很快就會發現這場努力的不合邏輯，因為妳的努力是為了更接近愛情，可是最後卻發現自己離愛越來越遠；妳努力想從這場改變裡找回自信，可是後來卻失去更多對自己的相信。

對於愛，我們從不害怕努力，我們甚至願意把傷心轉化成蛻變的動力。只是妳也在那一場愛的「上半場」裡瞭解了，這世界最無法努力的，就是愛，就是要一個不愛妳的人愛妳；於是，那也就注定了，我們這「下半場」的努力的必然失敗與沒有意義。

因為這整場愛的評判者都還是「他」。他並不欣賞妳，如果他只是因為妳的外在改變而後悔了，那這樣的心，也不值得妳信賴。他並不喜歡妳，如果我們都知道「喜歡」是一種主觀的認定，沒有理由跟邏輯，如果我們都已經將自己的喜歡卑微地暴露在對方的不喜歡裡，也都因此吃盡了苦頭，那為什麼我們後來還要用那些又殘忍又主觀的批判，做為自己接下來努力的標準？! 為什

麼要讓那個一步都不願意陪妳多走的人，再有任何機會成為妳的背後靈？!

　　妳沒有錯，妳唯一在那份感情裡做錯的事，就是認定了一個錯的人。別讓那個錯的人，教會任何妳在愛裡的什麼；別讓那個不能給妳幸福的人，影響了任何妳對幸福的看法。

　　妳就是「妳」，全世界只有一個的「妳」。妳真正要找的是那個懂得妳的「好」的人。毋須掩飾妳的外表，更不必壓抑任何妳對愛的渴望。在他面前，妳可以黏、可以撒嬌，可以是理直氣壯百分之百的自己。因為那就是妳喜歡的他，也是他想要的妳，不是由單方來決定或評斷，那就是你們共同想要的幸福。

　　並不是所有的傷心，最後都必須要有勵志的作為。這世界上大多數的傷心，其實也只需要安靜地走過，妳真的不必改變什麼，妳唯一要做的努力，就是繼續保有妳本來的樣子，因為那樣的妳最美，而妳本來就應該保留妳最美的樣子，讓那個懂得的人有機會看見。

　　妳不必變得更好，才值得被愛。

妳一直在，
妳永遠都在自己身旁。

世事無常，
唯一不變的是，妳永遠會好好照顧自己的心。
世界會變，
只有妳會一直站在自己身旁，永不改變。

生命本來就是一場探索，
甚至偶爾必須冒險。
可是妳不會執迷在假象太久，
不會重複在同一種傷心，
不會讓自己持續被一個人傷害。

妳會犯錯，可是妳不會摔得不明不白，
每次的受傷妳都有妳的學會。
妳對感情最大的學會就是，
不要去期待一顆對妳沒有感覺的心。
不要刻意去接近一個不會為妳停留的人。

世界再大，妳永遠都找得到自己。
妳一直在，妳永遠都在自己身旁。

Best Wishes

對的人，不會讓妳迷失，
而是找到更完整的自己

「角子，我明天會去你的簽書會喔！我最近和男朋友有點卡住，感覺快分手了……他剛剛又說跟我在一起『好無聊』，我知道不要懷疑自己，但還是把『好無聊』三個字放在心上了。我現在一個人在外面走，感覺隨時都快要哭出來，我不知道該怎麼辦？只好來問你，相信你應該收到過很多這樣的求救信吧！」

我在簽書會的前夕，收到這封來自臉書的訊息，這是一位我經常在直播上看見姓名的讀者，我沒見過她，我無法想像她的臉，可是我先想起自己也曾經在感情裡「迷失」的樣子。

妳參加過一些比賽，妳也許是因為沒有準備好，也許是真的技不如人，最後沒有得到好的成績。或許妳會再接再厲，但更多時候我們會聳聳肩，告訴自己，那就是人生啊！我們本來就會在許多的嘗試裡，發現什麼才是自己的強項，而有一些事情，真的就不適合自己。

可是我們對感情就沒這麼豁達。當妳很喜歡一個人，就會喜歡到把他的缺點也當作是優點的附屬；可是他不像妳，他只專注在妳的缺點，就好像妳完全沒有優點那樣。

奇怪的是，他即便嫌，可是他並沒有離開，妳以為那是他衷心的建議，於是妳努力調整自己。後來，妳不是越改越好了，妳是在他不斷地批評中，變得越來越不相信自己。那是妳後來的終於明白：一個在一開始就不覺得妳好，卻還是跟妳在一起的人，他們批判妳的缺點，與其說是希望妳改變，倒不如說是先把離開的理由講好，等享受夠了妳對他的好，他還是會離開，而且重點是，錯的人一直都是妳。

那是比傷心更複雜的感受，後來，妳不只傷心，還帶著破碎的自信上路了。妳不想再提的那個批評，卻還是一直擱在心上。妳努力往前走，卻從來沒有停止過懷疑自己。對於那個一開始就把過錯都歸咎於妳的人，我們又是迷走了多久才終於看清楚了，原來我們在那份感情裡唯一犯的錯誤，就是我們竟然任由一個並不欣賞我們的人，詆毀了我們的人生。

這世界沒有完美的人，只有不懂得欣賞妳的人。最紅的偶像，都有不喜歡他的人；聲望最高的賢者，都有一定還有可被批評的角度。別把妳珍貴的人生，浪費在那些不懂得欣賞妳的人身上。妳真摯的情感，應該拿去兌換的是另一份真心，而不是嫌棄；妳

為愛而做的努力，應該得到的是感激，而不是一個人的孤寂。

　　妳要找的是一個懂得「珍惜」妳的人，「珍惜」妳的優點，也「珍惜」你們彼此為了調整自己的缺點而做的努力。他對妳最大的「珍惜」是因為他清楚地知道，錯過妳，他就錯過了這個世界上願意對他最好的人。

　　真的愛，不應該讓妳怯懦或孤單，而是讓我們更加「自信」和「勇敢」。妳「自信」的並不是妳有多完美，而是妳相信就算所有的人都不瞭解，這個世界也還有一個懂妳的人；妳的「勇敢」並不是無所懼怕，而是妳知道就算面對再難的挑戰，也有他在妳身旁。

　　愛不是競賽，愛是兩個人自在地相處，沒有誰應該是誰的裁判。愛是兩個人「一起進化」，是兩個相愛的人，一起在愛的路上，因為愛而發現了更多的自己；因為愛而學會了，人生的每個階段，都有更好的自己可以去完成；因為愛，而更開闊了、圓融了，自己生命的可能。

　　那是角子簽書會的慣例，除了簽名，我還會幫讀者在扉頁寫下她指定的句子。

　　我希望這位讀者真的會來，然後為她寫下這個我已經準備好

要獻給她的句子：

對的人，不會讓妳迷失，而是找到更完整的自己。

✧

我會記得你，
是你讓我曾經那麼靠近幸福。
我不會忘記自己，
因為是我的勇敢，才讓那份愛，
有了最珍貴的那部分。

我不能再等你了，
因為再等下去會連最好的回憶，都消耗殆盡。

謝謝你的照顧，
也許，那些事情對你來說是輕而易舉，
可是它們對我來說真的都深具意義。

我會祝福，傷痕累累的自己，
因為我比你更需要好的運氣。

我會開始努力往前走。
我一定會好起來。
希望哪天當我真的可以坦然回頭，
會發現原來這些都是幸福的過程。

會發現原來，我應該更早就離開你。

✧

Best Wishes

vol.03

兩個彼此在乎的人，
才能一直走在一起

　　雖然是冬日的曼谷，當天空藍得連一朵雲都沒有的時候，太陽的威力還是很驚人，萱萱覺得很不舒服。這是她跟家威，還有家威的幾個朋友一起的旅行。也許是因為團體活動裡有一些必須配合的行程，讓她開始不耐煩；也許是因為台北、曼谷冷熱交替的氣候，讓她水土不服……

　　「我好像感冒了。」她對家威說。

　　「吃藥了嗎？」家威問，他知道她出國都會帶感冒藥。

　　「吃了，其實也還好啦！就是覺得累累的而已。」她說。

　　「妳要不要先回飯店休息，傍晚再跟大家一起吃晚飯就好了？」家威對萱萱說。曼谷他們很熟，而且飯店就在捷運站旁邊，回去也很安全，這其實是一個還算「理性」的提議。

　　可是情人間突發的情緒，要的從來都不是「理性」的答案，她其實也只需要家威哄哄她，說個「都答應要帶大家來曼谷逛逛

了，妳就辛苦陪我啦！」類似這樣的體己話，但情人間應答的節奏，又哪有辦法總是先「說好」的呢？

「好，那我們就五點飯店見吧！」萱萱突然火氣一上來，一轉身便放下大家走了。又嚴肅又短促的道別，彼此都知道是有情緒的。

坐上捷運，發現才剛過中午而已，她其實沒那麼想回飯店休息。一落單，褪下了浮躁的情緒，她覺得自由，但她其實也沒那麼想要這個突然在曼谷的自由。

好像都是這樣，情人間要「說好」比較難，要「說分」比較容易。兩個人生活的細節很多，我們來不及防備它們對愛的攻擊。一場再轟轟烈烈的愛情，最後也可以敗在那些細碎的小事裡；一個再山盟海誓的承諾，也可以被那些生活裡累積的小情緒湮滅。

妳羨慕那些可以一直走在一起的人，妳不知道他們是如何做到的，妳「努力」過但還是失敗了，所以妳知道那一定不是光靠「努力」就可以，妳相信在茫茫人海中一定有一個辨識真愛的密碼，可以讓相愛的人連結，持續攜手前行。

「我回來飯店了，妳怎麼沒在房間裡？」萱萱的手機突然跳出來家威的訊息。她本來就沒有那麼想休息，她正在飯店附近的

小店喝她最愛的泰式奶茶。

「你怎麼跑回來了？」萱萱回他訊息。
「我不放心啊！」他說。
「那『大家』怎麼辦？」萱萱問。
「放生啊！讓他們自己逛街啦，我晚點再回去帶他們就好了！」他說。

她說她馬上就回來了，臨走前她沒有忘記要去櫃檯拿那杯早先預訂的冰奶茶，那是她之前就想帶給他的，她覺得自己太任性了，她希望沒有人看出來她是有情緒的。在她朝向他前進的短短路程裡，他的訊息還在陸續進來……

「那妳還愛我嗎？」她看見那則訊息，那是家威正在跟她撒嬌，那是她想像得出來的樣子。這是他們一起走過的第十年，他們像所有的情侶一樣會爭吵、會賭氣，可是最後發現彼此還是站在一起，因為他們不只在乎自己，也在乎對方，他們最在乎的是，如果接下來的路沒有了彼此，那會有多麼孤寂。

妳可以為愛努力，但妳永遠無法努力，讓一個人「在乎」妳。一個「在乎」妳的人，才能將妳真的放在心底。兩個「彼此在乎」的人，才能在經歷那些生活的攻擊之後，最後還是靠在一起。

萱萱還來不及回答他，就先看見他，那是家威正在飯店門口

對她揮手，今天的太陽真的好大，那是她在刺眼的陽光下，看見的真愛密碼：

兩個彼此在乎的人，才能一直走在一起。

妳的心，
就是最誠實的回答。

不知道該怎麼決定的時候，
就問問自己，
已經有多久不曾平靜地快樂？

不知道該不該繼續跟那個人走的時候，
就問問自己，
知不知道正在走去什麼樣的將來？

現在不能給妳幸福的人，
將來也一定不會讓妳幸福。
從來沒替妳想過的人，
最誠實的答案妳要自己給。

妳該追尋的是幸福的答案，而不是停在這裡，
替那些悲傷一直找理由。

往前走吧！
別再給他狡辯的機會。
妳的心，就是最誠實的回答。

Best Wishes

傷心，
並不是因為他有多珍貴，
而是妳還沒學會「放手」而已

妳還在傷心，還會想他，甚至還在等著他回來。

傷心很痛苦，它最痛苦的地方，就是妳會「重複傷心」。就像時好時壞的感冒，有時候妳覺得自己已經好很多了，可是可能一覺醒來，發現自己好像又回到原點重新傷心。如果是感冒，妳可能會在又突然虛弱的時候，意識到原來自己還沒有全好；換作是突如其來的傷心，我們卻很可能會變得更脆弱，然後告訴自己：原來我真的不能沒有他，我要怎麼樣才能再找回他？然後我就可以馬上解除此刻的痛苦了。

妳對感冒不會太緊張，因為妳已經有許多經驗，妳知道大多數的感冒只要多休息、多喝水，時間到了就會好；妳對傷心比較焦慮，因為妳對自己沒有把握，因為妳把「他」當成唯一的藥，而且當我們越是這樣認為，我們就會越認定對方的不可或缺。

妳對感冒比較篤定，妳知道自己正在時間裡慢慢變好；我們比較容易在感情裡「病急亂投醫」，忘記了他正是讓妳「傷心」的病因，找「傷心」治療傷心，只會讓妳病情加重，而且永遠都不會好。

　　走過傷心的人都知道，傷心是真的很厲害！但它就跟感冒一樣，只要給它時間，絕大多數到後來都會好。妳知道應該在感冒的時候，做什麼來幫助自己；如果要讓傷心快點好，妳就要開始進行「放手」的練習。

　　「放手」的重點，並不是加重對他的怨恨，才能夠放得開。因為再大的怨恨，也只要一個脆弱的心軟，就可以瓦解；「放手」更不是委屈地要求自己一定要放過他。真正的「放手」是妳要先放過自己，是真心地明白自己當時留在那份感情裡的辛苦；是真的理解，如果可以用一場短痛，換來餘生更多的可能與幸福，其實是每個人都會做的正確選擇。

　　「放手」的理由，並不是因為他已經不愛妳了，而是他真的無法給妳幸福。不要讓自己一直糾結在他究竟還愛不愛妳？因為幸福的重點，並不只是「愛」，更重要的是「承擔」。他曾經很愛妳，那就是每一份愛都會有的美麗的「過去」，可是他除了快樂，並不想要後來一起生活的承擔，那就是每一份「愛」到後來的真相大白！要禁得起考驗的愛，才會成為幸福。

要先放手，才能抓住更好的，妳聽過許多像這樣的鼓勵。但更真實的狀況是，不管妳想不想妳都必須放手，因為他的手早就已經放開，而妳真的沒有錯過什麼，這世界從來都沒有錯過的幸福，只有不想為妳留下的人。

　　別讓一個只是害怕寂寞的人，讓妳變得更寂寞；別讓那個只想要快樂的傢伙，讓妳懷疑自己不可能再擁有幸福。在妳對幸福的想像還沒有熄滅之前，在妳還能夠用盡全力去抵抗傷心的時候，離開他，離開那個不能給妳幸福的人，是妳對愛應該要有的保健常識。

　　用一場傷心，去得到對抗壞菌的抗體，讓自己有更健康的身心，去走到幸福；用一陣時期的昏睡，去明白，原來任性地愛上一個人，最後傷害的，始終還是自己。

　　然而感冒一定會好，傷心一定會痊癒，我們最終都一定會從那場昏沉裡醒來，然後明白：傷心，並不是因為他有多珍貴，而是妳還沒學會「放手」而已！

如果你也偶爾想起我，
請記得曾經有人為你詮釋了愛的真義。

妳很悲傷，
可是繼續留下來，會更悲傷。
妳覺得寂寞，
可是再走下去，也只會更孤寂。

各自去成為更好的人，
重點並不是讓人傷心的「各自」，
因為我們只有分開，才能真的各自去「幸福」。

我不再怪你了，
也會努力不再愛你。

直到有一天我們都各自成為了更好的人，
我會記得你，因為是你教會我珍惜。
如果你也偶爾想起我，請記得曾經有人為你詮
釋了愛的真義。

這樣，我們的愛才不會可惜。
這樣，我們的「各自」才有最美好的意義。

Best Wishes

兩張照片

　　我點開那封信，信的附件有兩張照片。我點開第一張照片，那是藍天白雲下的文化大學校園，那是她心中最難忘的時光，那是他們一起在陽明山上，度過最美好的四年。

　　「所以妳從小在澎湖長大，然後一個人離開老家，到台北念書？」我問她，在點開那張照片的一個月後，我們約在台北公館見面。

　　「嗯！」她的笑容很美，有一種寬容、安靜的感覺，像海。

　　從一開始跟這位讀者約見面地點，我就感受到她的貼心。她說她住在景美，但可以跟我約在公館或者台北車站附近，這樣我搭車會比較方便。我回信說那就約在公館吧！於是在下一封信裡，我就又看見她給我的幾個咖啡廳的選項跟介紹。

「還沒吃晚餐厚？我隨便點了幾個小餐點，先墊墊肚子吧！」我說，一抬頭發現她已經離開桌子，正在前方的餐具區拿餐具。

大多數這個年紀的女生，尤其是長相甜美的女生，應該是更習慣被服務的，對吧？

我想起她寄給我的那個故事，而我們習慣的愛情故事，也應該大多是從男主角對女主角的照顧開始的，對吧？

她說會開始注意班上那個男生，是因為每週經濟學那堂課，他總是習慣坐在她左後方那個位置。他很容易鼻子過敏，經常會流鼻水，有一次她實在是忍不住看他這樣，於是拿了面紙給他。從此，他便習慣跟她借面紙。不只借面紙，他後來還會跟她借筆記，還有請她幫忙占圖書館的座位。

「我算是很守規矩的學生，從來不蹺課，下課就乖乖念書，因為媽媽要讓我來台北念大學很不容易。」她說，然後開始慢慢地吃蘿蔔糕，我感覺她是一個不浪費的女孩。

她說爸爸在她小學二年級的時候就因病過世了，媽媽一個人帶著三個小孩，為了要繼續工作，只好帶著他們搬到外公外婆家。嗯，應該不只是外公外婆的家，在那個大家庭裡還有幾個舅舅、

舅媽跟表弟妹們。

　　沒有人要求她，但她從小就是知道，媽媽工作很辛苦，她盡量不要成為媽媽的麻煩。她還知道，他們是從外面搬回來的人，那就更不應該麻煩別人。所以她從小就會幫忙做家事，不是做小孩子的事，後來她也會做大人的事，譬如照顧兩個弟弟，照顧表弟妹們，她算了一下，「我一共帶大了七個小孩。」她笑著說。

　　外公是公務員，他很疼她，不夠那麼多小孩分的糖果，會特地只留給她。像那樣的糖，她總是留著慢慢吃，她直到現在都還記得那個糖的滋味。

　　台北是一個遙遠的花花世界，陽明山是那個世界裡的小桃花源，她喜歡這裡，充滿新的可能，但又讓人覺得安全。漸漸地，那群會一起相約到圖書館念書的同學們，後來都發現了其他更精采的世界，只剩下他們兩個還會乖乖地去念書，也許那也是他們更精采的世界，他們開始獨處，開始在離開圖書館後還會繼續用MSN 聊天，有時候還會一起去吃飯……

　　她還記得那一天，那是一個夕陽西下的傍晚，他知道她週末都會搭車去山下的奶奶家。每天騎車上山的他，在那天突然問她：「要不要搭我的摩托車下山？我可以順路載妳去。」那是她第一次搭摩托車下山，那天的天氣很好，當然後來她也曾經在那條路

上遇過颱風和下雨天，不管是什麼樣的路她都很珍惜，因為那就是「在一起」的感覺，因為她就是在那個第一次一起下山的路程裡，答應了他「在一起」的邀約。

她寄給我的那封信的第二張照片，是她和他一起並肩坐在戶外，鏡頭只帶到兩雙緊緊靠著的腿，腳上穿的是一模一樣的球鞋。

他們雖然在一起，但彼此說好了在學校還是不要太招搖，不要總是黏在一起。他們上課會分開各自跟自己的朋友坐，他們共同擁有的情人密碼，就是穿著一模一樣的球鞋。

「那鞋子的款式是誰決定呢？」我問。
「我沒特別注意過這件事情耶，應該是兩個人都會喜歡的吧！」她說。

我想她會這麼說，是因為那已經不是那份愛的重點。重點不是她覺得好不好看，而是「一起」，是他們「一起」在那份愛裡，那才是她最珍惜的事情。所以，不只是那雙鞋的款式，連她的樣子，也是由他決定。他嫌她胖，她就減肥；他要她只穿他喜歡的顏色、他喜歡的款式，她照單全收。

「我那個時候比現在瘦十公斤。」她說。
「天啊！妳現在已經很瘦了。」我驚訝地說。

她說那些都還好，她覺得壓力很大的是他會突然爆發的脾氣。她第一次發現是有一次一起去聽學校的演講，兩個人平常有默契，只要是上課就各自跟自己的朋友坐。那天她剛收到女同學的簡訊，說已經幫她占好位置了。

　　「我要跟妳坐在一起。」他突然說。
　　「可是她們只占了一個位置耶！男同學那邊應該還有位置。」她說。
　　「我不管，我就是要跟妳坐！」突然像一個小孩子那樣發起脾氣。

　　她沒太在意，因為演講廳就在眼前，而且演講馬上就開始了。

　　演講結束後她很自然地起身走向他，正想問他等下要一起去吃什麼？她發現他對她竟然視若無睹，直接經過她，頭也不回地走了。

　　那是他第一次對她發脾氣，那是他後來發脾氣的固定模式，她只要不順他的意，他就會發脾氣，就像一個小霸王一樣。

　　她想過他為什麼會這樣？後來她發現他在家裡就是如此，他是唯一的男孩，爸媽姊姊都很順他的意。只是，他們只需要偶爾順從他；可是她卻是跟他在一起的人。她不喜歡吵架，不喜歡看

見他發脾氣的樣子，那幾年，她持續減肥、一緊張就壓抑情緒，於是開始有胃潰瘍的問題。

有一次，在下山的路上，他們起了口角，他脾氣一上來就把她丟在路邊，要她自己回奶奶家。她一個人走到公車站牌，忍不住開始低頭掉眼淚，突然看見腳上那雙他們都有的球鞋，他們不是在一起嗎？為什麼這個人可以輕易就把她丟下來？!

如果她持續往這個方向想，那她應該就會離開；可是她沒有，因為她是一個很重感情的女孩，她會開始想起他也曾經對她的好，譬如她突然半夜生理痛那次，他馬上騎車出去幫她找止痛藥，譬如……她幾乎沒有發現，其實她每次對自己的舉例，都是同樣的那幾件事情，她牢牢地記得它們，因為她真的很珍惜這份情感。

她不知道這個世界上像她這樣珍惜「曾經」的女孩子多不多？她的人生一直那麼務實，她從來都不覺得自己有可能是一個公主，她也不想要那樣的人生，她要的是一個願意跟她一樣腳踏實地的人。她愛惜物力，從來都不會隨便亂丟掉東西。所以每當他又回來跟她道歉，她都會心軟，然後原諒他。她希望那也是他們努力耕耘幸福的一部分，她期待他真的可以改變，她在每次又原諒他的時候，總是如此告訴自己。

大學畢業後，她得到了一份回澎湖當代課老師的工作。她的

計畫是可以住在家裡、省下房租，好好存兩年的錢，然後再回台北專心補習，準備國家考試。必須入伍服兵役的他申請到澎湖當消防替代役，他是為了她才這麼做的──她一直是這麼想的，而且充滿感激。

一起在澎湖的那一年，就像是大學生活的延續。他放假都會來找她，他一直很宅，休閒時間只喜歡待在房間裡玩手遊，她則是很喜歡戶外活動，他們剛認識的時候還會為這件事情爭吵，但這些年下來她已經完全配合他。在澎湖那一年，他們真的一起去過幾次戶外踏青，成為她很美好的記憶。

一年後他退伍，先回台北準備國考。澎湖的代課工作結束後，她也回到台北。

在他準備考試的時候，她搬去他家照顧他。他常常在發脾氣的時候要她搬走，甚至好幾次連她的行李都幫她打包好，要她馬上出去。她總是默默流著淚，她知道他是因為考試壓力，所以在發小孩子脾氣而已。

隔了幾天，她問他：「我的家在澎湖，你每次吵架的時候都要我搬出去，是要我搬去哪裡啊？」

「妳還有奶奶，和一些親戚在台北啊！」他回答她，像完成了一個簡單的 Q&A，並不知道這樣的答案會讓人多傷心。

後來，他考上國考了，分發到蘇澳去受訓，剛去的那段時間，經常說一個人在那裡很寂寞。

　　換她開始補習了，她跟他不一樣，她沒有靠家裡，她的積蓄不多，她只有考一次的機會。晚上他們會視訊，經常一聊就是兩、三個小時。

　　「每天這樣聊天，我會沒有時間念書。」有一天晚上她終於忍不住跟他說。
　　「妳白天有那麼多時間可以念，晚上陪我一下沒差吧！」他理直氣壯地說。

　　她突然覺得他很自私，他一直都只想到自己。

　　漸漸地，他在那個單位也認識了許多朋友，他開始晚上會跟朋友出去唱歌、喝酒，甚至有時候休假也不一定會回來台北。她沒有想太多，她很專心在補習跟念書上，剩下幾個月就要考試了。

　　那個週末他休假回來，應該是感冒了，所以在房間睡覺。她到樓上去跟他大姊商量，說是不是明天幫他跟單位請個假，讓他在家休息。然後她們又多聊了一些事情，所以她沒有很快就回去房間。就在她還在跟大姊講話的時候，他怒氣沖沖地上樓，看到她就隨手把手上的外套砸到她臉上。

「你怎麼可以這樣朝人家亂丟東西！」大姊馬上喊出來。

「在我最需要妳的時候，妳在哪裡?!」他在她回房間的時候，對她大吼著說。

那個晚上的後來，她一個人在浴室裡想了好久，這些年她像一個小行星般地守護在他身邊，一開始因為那個「被需要」而覺得感動，最後也因為那個「被需要」而受到傷害。

只是，他想過她的需要嗎？就像她當時那樣，在他準備考試的時候，為他加油和打氣；在他發脾氣的時候，想起他們美好的曾經；在他每次要她走的時候，都在心底告訴自己，如果她真的走了，這份感情就真的要到此結束了。

她在那個徹夜無眠的夜晚，看著浴室鏡子裡那個人的臉頰凹陷成這樣，還有身上的那件鮮黃色的衣服，那都是他喜歡的樣子，然後呢？她可不可以說出來，她真的很討厭黃色，她真的很討厭自己變成這樣。

天一亮，她就出去找房子，然後趁他回單位的時候搬家。她沒有讓自己有機會多想，那是她第一次對他提出「分手」。

他的訊息也回覆得很快，他說「好」。

「其實這樣也好，準備考試準備了那麼久，現在好不容易考上了，我也想好好地玩一下。而且說真的，我現在對這段感情有點膩了，所以才會對妳越來越不耐煩，我覺得這樣對彼此都好。」他在那個「好」後面還附帶這些訊息。

從這些傷人的字眼，她就知道他一定正在發脾氣。

幾天後，他打電話來道歉，說沒有她不行，他發現這些年來都是她在他身邊照顧他，他以為她不可能會離開，沒想到她竟然真的就這樣走了。

所以真的是這樣，一直在努力維繫著這段感情的人，真的只有她。這些年就是一直因為她都趕不走，這段感情才能一直維持到現在。

然而，他沒有說錯，連她都知道自己會走不開，所以他才會一直都吃定她。所以她才會堅持不透露新的住處，她必須要讓自己更堅定，才有辦法抵擋。

她一直在想，自己究竟是捨不得他，還是捨不得在山上的那四年？自己究竟愛的是「他」，還是曾經有一個男孩，曾經給過一個隻身來台的女孩的「溫暖」？而自己這一路一直在守護著的，究竟是正在前進的「未來」，還是已經過去的「曾經」？

只是，後來她也漸漸明白了，這世界的許多「曾經」，都是因為環境而造就的。所以那些美好的「曾經」，後來並不是人改變了，而是環境改變了，也就自然而然地跟著消失。

所以這個世界的「幸福」才會那麼珍貴，那就是兩個有共同的「曾經」的人，都因為珍惜那份曾經，而願意繼續努力攜手向前，才能繼續走入下一個階段的幸福。

她想過要繼續原諒他，就像從前那樣，因為珍惜，因為捨不得。只是後來她也終於想清楚了，原來他的壞脾氣，並不屬於他們應該磨合的那部分，因為談感情應該對對方最基本的對待，就是「尊重」。

那些年，在她自己都還是小孩的時候，她帶大了七個孩子；後來當她終於飛往自己的世界，才發現自己竟然用了接下來的七年，陪伴了她的第八個小孩。

她希望她的第八個小孩，經過這次，也能如她一般成長。但她想那應該很難。因為聽說他很快就認識了另一個女孩。在甜蜜裡的人，時間對他們來說只有「從前」和「現在」。他們永遠不會知道，那個傷透心的人，後來是多麼不容易才真的又重啟了自己的第二次人生。

那是她接下來邊念書邊流淚的幾個月，為了有體力準備考試，她強迫自己進食和正常作息。只是她騙不了自己的身體，她的生理期大亂、體重驟減，然後終於明白了：原來多年來在對這份感情負責的人，一直都只有她而已。

　　「那天我去醫院看外公，他因為生病，來台北治療，突然外公就問我現在感情的狀況？」她跟我說。

　　她跟外公說他們已經分手了。

　　「阿公是這樣覺得，找對象不一定要有外表或錢財，可是下次一定要找一個會好好照顧妳的人。」阿公握著她的手說。
　　在走出病房的時候，她哭了，她覺得自己很不孝，感情的事情竟然還要讓外公操心。原來外公都看在眼底，就像當年疼惜這個懂事的孫女那樣，知道這個女孩，後來一直那麼辛苦地在照顧那個男孩。

　　「現在的心情是什麼？」我想這應該是我最後一個問題了。

　　她說她沒有怨，回想起那一切她還是只有感激。她說她永遠不會忘記生命中那美好的四年，不會忘記每次搭他的摩托車下山，她從後面抱著他，那種安心，那種兩個人「在一起」的感覺。

那些他從前不愛出門去的地方，她後來都自己一個人去了，她說她現在才開始真的慢慢地遊歷台灣，開始穿自己喜歡的衣服，開始看自己喜歡的書——這是她在七年後終於展開的人生，她真的很享受但她從不否認，她從來沒有停止拒絕的練習，萬一有一天他又回來找她，她一定會拒絕他。

　　最好的記憶，最美好的兩張照片，她已經都留在心底了。

　　「我分享這個故事，是想跟每個正在辛苦愛著的人說，如果我們都注定要愛上一個人，那『那個人』，一定要先是自己。」她笑著說，她的笑容如此甜美而寬容，而我相信她總有一天會知道，她絕對值得另一個更好的男孩。

　　一個不只給她「曾經」，更會牽著她走去「將來」的男孩。

我要找的是一顆跟我一樣堅定的心，
從此一起飛行。

謝謝你，讓我在那個每個人都想幸福的年紀，
真的看見了幸福的樣子。

雖然，這還是一趟有時限的旅程。
雖然，這趟旅程裡的所有意義，
很可能都只是我單方所賦予。

但我是真的很快樂過。

我知道那很公平。
如果我曾經如何快樂，現在就應該會如何傷心。

我會努力往前走，偶爾，試著獨自飛行。
我會漸漸做到，讓回憶取代傷心。
我知道我並不完美，但我對這份感情問心無愧。

我一定會再找回自己的天空，
我不再找你，不再仰望浮雲。
我要找的是一顆跟我一樣堅定的心，
從此一起飛行。

Best Wishes

vol.05

每個剛開始的愛情，
都很像幸福

　　妳一個人走在大街上，陸續跟一些情侶們交錯而過，看不出來，他們是已經一起經歷許多，還是正要走進愛情，每對戀人都有一張快樂的臉……

　　就像那個時候的你們一樣。

　　妳還記得那場愛情的開始，那場愛情裡的許多「第一次」：你們的第一次約會、第一次他對妳親密的表示，還有，第一次他那麼明確地告訴妳：「讓我們『在一起』好不好？」

　　妳比較可能會忘記這些，當然也可能是因為我們故意不去記得，那份感情裡也還有其他的許多個「第一次」：妳第一次發現了你們之間的差異、第一次感覺他跟從前不再一樣，還有，第一次心慌地覺得，也許你們並不適合。

年輕時喜歡變化，成熟後希望安定──在感情裡卻經常不是這樣。當我們在感情裡看見了「不適合」，成熟後的我們會懂得離開，可是當時年輕的我們，大多數卻會選擇努力留下來。

　　因為比起看見的「不適合」，我們更相信那段曾經在一起的「幸福」，於是妳努力想找回當時的感覺，那是妳開始兵敗如山倒的時光，妳沒想到自己會在那趟尋找裡，還陸續賠上那些東西──妳不是沒有找回「幸福」而已，妳還丟掉了珍貴的「尊嚴」和「自信」。那不是妳認識的自己！妳不知道為什麼一開始被他呵護再三的妳，到最後竟然會自願蹲得這麼低？妳明明是為了愛情而勇敢的，可是為什麼最後也因為愛情而變得這麼軟弱？

　　那是妳在那份愛結束後，又一個人想了很多很多，故事並沒有因為走遠了而模糊，而是因為走遠了才終於看清楚：原來在感情裡說得越多的人，經常能做到的就越少；而那個越早跟妳約好未來的人，經常也越早就可以轉身對下一個人好。

　　妳後來幾乎不曾再跟別人提起那個故事，妳不想再提，是因為後來發現那個故事並不搭配當時那個努力的妳，妳曾經以為自己捍衛了一段高貴的愛情，但其實妳才是那個故事裡唯一高貴的人。而且極其遺憾，那才是那個故事最後真正的結局：原來那個妳好不容易才離開的人，他後來真的一點都不覺得可惜。

那是我們後來在愛裡最重要的學會，所謂的「在一起」只是一個「邀請」，而並非「承諾」。這個世界上對妳提出「在一起」的邀請的人，大多數只是想跟妳「在一起」快樂，只有後來還能夠跟妳「在一起」走過風雨的人，才是妳真正的伴。

　　如果可以，妳想跟那些經過妳的女孩們這麼說；如果可以，妳更想跟當時的自己這麼說：每個剛開始的愛情，都很像幸福。

　　所以如果那段感情後來沒有結果，妳並不是失去幸福，而是大多數的愛情後來都會發現的不適合。

　　妳難免傷心，但請不要停留太久，妳不是不夠好，妳是值得更好的！妳不只值得一開始的幸福，妳值得更長久的幸福，只是妳一定要繼續往前，才有機會去真的看到。

只有走過，才會知道，
你們想去的地方，原來並不一樣。

他「承諾」過妳。
從前妳責怪他，但現在妳也可以開始理解。
也許，他不是故意要騙妳，
在那一刻他也曾經真心真意。
你們是真的一起想像過那場美好的將來。

只是後來你們也一起經歷、更一起明白了：
原來這世上關於愛的「承諾」
之所以後來大多數沒有被實現，
並不一定都是因為欺騙，
也可能是因為你們心中所想的「愛」的樣子，
並不一樣。

於是，妳也可以不必毀棄那晚的星空，
不必嘲笑那晚的誓言。
也許那就是每份愛都會有的走過。

走過，都不必後悔。
因為只有走過，才會知道，
你們想去的地方，原來並不一樣。

Best Wishes

「妳」才是幸福的主角

　　妳喜歡他，妳希望他也可以像妳喜歡他那樣喜歡妳，於是，妳開始討他歡心，妳的患得患失就是那樣開始的。

　　妳努力瞭解他的喜好，在許多細節展現了溫柔體貼，他覺得妳很好，說妳是對他最好的人。他懂得欣賞妳的「細心」，自己卻從來都做不到。妳很想跟他說，其實那不算優點，而是每個願意「用心」的人，都可以做到。

　　妳努力捉摸他的心思，妳不知道那份感情是從何時開始變得辛苦，變成總是用心的人在犯錯，用心的人在寂寞，最後也只有用心的人，在默默地檢討自己。

　　每次妳都將自己還原到那個現場，像一個檢察官那樣回想，自己究竟做錯了哪一個動作？還是說錯了哪一句話？才會惹得他不開心。那一直都只是妳「一個人」的功課，妳總是默默地想了

很久，妳不懂，為什麼他給妳的理由總是那麼抽象？還是一旦說得太具體了，就會顯得他的小題大作?! 在愛裡動輒得咎的人，最無法理解是，為什麼會有人捨得把一個那麼愛你的人，當成罪犯?!

妳婉轉地問過一些人，「不吵架的時候，其實我們也很快樂」、「不發脾氣的時候，他其實也對我很好」、「他有在改，只是改得很慢」妳最後總是對那些建議妳離開的姊妹淘這麼說。妳也許暫時說服了她們，但是妳從來都沒有真正地說服過自己。因為「幸福」是一種整體的感受，它無法分割，這個世界從來都不會真的存在著「在不快樂裡的『快樂』」跟「在不幸福裡的『幸福』」。

那是妳只有一次的人生，那是妳應該對自己負責的幸福。那是當我們回頭，看見當時那個勇敢出發的自己──如果「妳」才是那場追尋的真正起源，那讓我們都別忘記，「妳」才應該是那場幸福，最基本的標準。

妳要的幸福，並不只是從單數變成複數，而是從勇敢的一個人變成一起努力的兩個人。妳要的幸福，並不是一種善行，不是妳要先符合他的標準，而是他必須先符合妳的需求：他有沒有讓妳覺得溫暖？有沒有正在帶妳走去更好的地方？他有沒有讓妳覺得就算眼前出現了更好的人，妳也知道，他能夠帶給妳的安心和

自在，才是這個世界最獨一無二的?!

　　他不是那個人，因為他的快樂，都是妳必須犧牲妳的喜歡才能換取。他更不可能是妳的幸福，因為他從來沒問過妳想要什麼。他更從未真心想帶妳去哪裡，他唯一讓妳來來回回的，就是「希望」和「絕望」兩個地方而已。

　　那個總是讓妳一直鬼打牆的人，遲早都會離開；一個跟妳沒有共同方向的人，也只要隨便一點波折，就可以把妳放下來。那些妳為了留住這份感情而做的犧牲和付出，他不會感激妳的！他若會，就不會越來越理所當然，不會把妳在諸多容忍後的終於爆發，當成是妳又犯了他最討厭的大忌。

　　別讓「錯」的人一直都是妳，如果在一份感情裡「犯錯」的人一直都是妳，那妳所犯最大的錯，就是挑選了一個「大錯特錯」的人。把妳的「用心」留給將來那個願意跟妳一起用心寫幸福的人，而不是虛耗在容忍和將就。

　　這一路，妳會遇見許多人，妳會看見許多愛的樣子，但是妳知道，幸福只會有一種標準：那就是「妳」想要的樣子。不符合那個標準，就算條件再好，妳都不會幸福。

　　每個認真努力的人，都值得一個幸福的故事。每個故事的情

節也許都不相同，但寓意一定都一樣：「妳不是做錯什麼，才沒能留住那份感情；而是他應該做對什麼，才能讓妳真的幸福。」妳知道那就是「幸福」的寓意，而「妳」才是那個幸福的故事裡，最重要的主角。

從今以後，
妳一定會先愛自己，再愛別人。

妳會始終記得，
妳要的是一份會讓妳越來越勇敢的愛，
妳會答應的是一個會永遠支持妳的人。

妳走過那樣的路，
流過許多傷心的眼淚，
等過許多他從來沒能給妳的回答。

一份只能由對方訂規矩的感情，
是不會成為幸福的。

妳想要什麼樣的人？
想跟他一起走去什麼樣的人生？

妳已經答應自己了。
不能讓妳更好的人，妳就不會讓他再靠近。

從今以後，
妳一定會先愛自己，再愛別人。
妳一定會先答應自己，再答應別人。

Best Wishes

欠妳的安全感

「角子，男友經常行蹤不明，有時也會在 FB 上跟別的女生互動，我們常為這種事情爭吵。我說這樣我很沒安全感，他說他問心無愧，而且『安全感是妳自己應該給自己的』，是這樣嗎？真的是我自己的問題嗎？」

這是讀者發給我的問題，「安全感」這個在愛情裡討論度永遠在前幾名的題目，又是從什麼時候開始，出現了「安全感是妳自己應該給自己的」這樣的快答，讓那個去要的人，到後來竟然會覺得，也許問題真的是出在自己？

事實是，那些在感情裡總是可以快速地給妳一個答案的人，並不是因為他們比較冷靜，而是因為他們幾乎不曾思考過妳的感受。事實是，在感情裡需要妳持續開口去要的感覺，那個人應該都無法給妳。

妳已經過了追求夢幻的年紀，妳知道愛應該走入生活，妳想要的並不是奢華的物質，更不是浪漫的言語，妳現在更珍惜的是一種「確定」的感覺，確定他真的也跟妳一樣，開始在為「兩個人」的世界而努力。如果妳要的「安全感」是屬於「兩個人」的，那妳要如何自己給自己？！

　　妳也懂得冷靜，妳甚至接受關於「幸福」更理性的說法：幸福不只是兩個人的「愛或不愛」，而是「要或不要」。因為「愛」太抽象，「要」才務實。那就是彼此都「要」定了這個人，要定了跟這個人在一起的「感受」。那就是你們想要的生活，就是你們接下來想要的人生，在那樣的「感受」裡，怎麼可以沒有最重要的「安全感」？！

　　一份能夠長久的感情，一份能夠從單純的喜歡走成幸福的愛，憑藉的絕對不是規定，而是彼此的「默契」。形成「默契」的方式有許多，當然也包含討論與爭吵，偶爾也會爭得面紅耳赤，可是真正在乎彼此的人，最後還是會懂得在一個人的時候冷靜下來，不只想到自己，也開始想到對方，於是我們才懂了那個「默契」就叫做「互相」，是開始也願意試著從對方的角度去想想——你們從何時開始學會，那份愛才會真的又往前邁向了一步。當你們在愛裡開始能夠彼此「互相」，那份愛才真的有可能，繼續走去幸福。

妳要的安全感就是一種「互相」，妳渴望他能給妳的，妳都一樣能夠回報給他。

　　妳沒有想要多要什麼，妳想要的只是一份「兩個人」的感覺，不是只有約會，還有一起努力生活；不是只有快樂，還有為這份愛而堅定的操守。

　　如果早在遇見他之前，妳就已經是一個獨立的個體，那妳也不必因為他給不起安全感，就回過頭來要求自己要更獨立。因為妳此刻正在努力的，跟獨立無關，而是爭取一份自己真正想要的感情。只是從前，妳以為只要「努力」就可以，而現在，妳終於明白還要「適合」才可以。而你們最大的不適合，就是他並不想為這份感情努力。

　　最後，妳總會懂的，「安全感是自己應該給自己的」其實說得並沒有錯，而妳最應該給自己的「安全感」，就是當妳遇見了一個不願意給妳安全感的人，那妳也不會逗留，因為幸福，本來就應該是讓人覺得很「安心」的事。

妳寧可暫時一個人，
也不要在他的世界裡，永遠當「一個人」。

只是偶爾逗妳笑，卻不在乎妳的眼淚。
隨興地跟妳說話，卻不想真的理解妳的心情。

總是妳在想念著他，他卻幾乎不曾記掛過妳。
總是用心的妳在犯錯，
無心的他卻總有正當的理由。

這不是一份對等的愛，
他從來都沒有跟妳交換過什麼。

無法跟妳交換的人，
是因為他們並不想走進妳的人生。
不曾跟妳有共同信念的人，
本來就隨時會離開。

妳寧可暫時一個人，
也不要在他的世界裡，永遠當「一個人」。

妳沒有失去什麼，這場幸福並沒有真的開始。
妳不是離開他，妳是正要帶自己去找真的幸福。

Best Wishes

vol.08

對愛慈悲，
就是對自己殘忍

　　「角子，我好難過，是什麼原因讓他轉變這麼大，對我這麼無情，難道我們交往這段時間，他對我都完全沒有感情嗎？我不懂，之前明明還好好的，為什麼他說不要就不要了，我該怎麼辦？」

　　我看著這則 IG 的私訊——這不是這位讀者第一次發訊息給我，我把螢幕往上滑，發現這一年多來她已經發過許多次信，我看著過去的回覆，每次的問題都不一樣，但是我確定，都是發生在同一個對象身上。

　　「Dear，你們沒有『好好的』，你們的過程一直都很辛苦，是妳一直都在強留這份感情，『愛』不應該是這個樣子的……」寫到這裡，我突然停下來。

　　「愛」應該是什麼樣子的呢？這不就是當時的我們，都曾經

76

卡關過的問題嗎？沒有人可以告訴我們真正的答案，於是我們只能靠自己摸索……妳遇見一些人，他們給妳的感覺都不一樣，每一個他，都意味著一種「幸福」的可能。對愛情，我們很虛心受教，我們相信任何一種可能，因為我們從沒去過，於是我們相信任何一條路，都有可能走到「幸福」。

　　這世界的是非黑白，我們很容易就可以分辨，可是在愛情裡的曲直對錯，我們卻很容易混淆，妳持續地退讓，持續地忍受他對妳的傷害，因為妳很喜歡他，因為妳認為每個人都有他的缺點，那就是妳對這份愛的寬容和慈悲。妳相信「總有一天」他會明白，妳不只喜歡他，妳還是全世界對他最好的人，妳一直在等著他懂，那就是這份感情最後終於的「真相大白」。

　　那是我們經常沒有等到的「真相大白」，而往往在那個「總有一天」明白的人也不是他，而是已經傷痕累累的妳。他走了，而妳也用盡了可以再說服自己繼續委曲求全的理由。妳對那份愛的慈悲，並沒有渡化到他，在感情裡一個人的渡化，往往最後也只會有一個人的醒覺。妳終於在那一刻明白，真的，他的缺點真的很多，而他最大的缺點叫做「不在乎」，那就是每一份死去的愛，共同的致命傷。

　　「愛」從來沒有要妳「慈悲」，因為它對妳的展現總是昭然若揭，那個人對妳的不在乎跟不用心，愛從一開始就讓妳看見了。

「愛」真正希望妳做到的是「學會」，學會幸福不只是我很喜歡你，也要你很喜歡我；學會幸福的關鍵字並不是「付出」，而是「一起努力」。因為「付出」只能讓妳暫時留住一個人，只有願意跟妳「一起努力」的人，才能牽著妳走去幸福。

如果善良的妳，總是生性慈悲，很容易就因為「放不下」就接受了他對妳的傷害——如果我們是「放不下」的體質，那下次就不要那麼輕易就「拿得起」。太快地愛了，又花很多時間才離開，是最浪費人生的事情。

把珍貴的人生，用來享受，而不是等待。把豐富的想像力，用來想像自己更多的可能，而不是給一個無心人更多的機會。把高尚的慈悲，用來疼惜自己，而不是虛耗在不被珍惜的關係裡。

妳遇見過一些人，看見過一些愛的樣子，它們都曾經展現過幸福的「姿態」，可是妳已經知道幸福的「靈魂」只有一種，那就是「只想跟你在一起」。於是不能跟妳相守的人、不能視妳為唯一的愛，曾經再快樂，妳都不會把它想像成幸福。

妳不會逗留，妳會勇敢走過，不屬於妳的幸福，妳一點「愛」都不想浪費。因為愛很珍貴，妳要把它留給珍惜的人。因為對愛慈悲，就是對自己殘忍。

「妳」
才是故事裡最珍貴的那部分。

每個傷心的故事，
都一定被放進了一份真摯的感情。
會傷到心，都是因為真的很用心。

於是妳終於不再怪自己了。
妳的誠懇和用心，
「妳」才是故事裡最珍貴的那部分。

從前，妳流淚是因為失去他；
現在，妳要開始是因為心疼自己。

心疼自己，並不是沉溺於悲傷，
而是更確定自己值得更好的人。

相信自己一定會遇見更好的人，
並不是期待擁有更好的運氣，
而是從今以後，
妳一定會用更好的眼界跟標準去判斷，
誰才是那個真正值得妳用心的人。

小螃蟹的旅程

　　「角子，你看過菜市場裡裝螃蟹的水桶嗎？裡面的螃蟹拚命地想爬出來，想從那個桶子逃出去，你知道那有多困難嗎?! 我從小生長的環境就是那樣的。」她說。

　　我跟這位讀者朋友約在我的工作室附近的星巴克，為了配合我，她還特地把今天拜訪客戶的區域調整到附近來。

　　「雖然是第一次見面，但因為看了很多你寫的東西，所以感覺像認識了好久。」

　　她笑著喝了一口紅茶，她看起來比她的實際年齡輕，眼神和善，但卻充滿力量。

　　她說媽媽來自一個困苦的家庭，所以沒讀過書，從小外婆就要媽媽用身體去賺錢；爸爸愛賭博，把家裡的一切都輸光，後來

還因為小三離家。在他們家裡「錢」是最重要的東西。笑貧不笑娼，對絕大多數的人來說只是一個會出現在書本裡的形容詞，卻是她從小就必須面對的真實世界。

國三那年，她在工廠打工幫忙家計，認識了老闆娘的弟弟。她還記得那天她哭著跑回家，她不知道該怎麼辦，因為她懷孕了！

「妳自己做的事情自己想辦法。」她說那個母親用笑臉面對女兒的哭臉的畫面，她真的好難忘記。

後來，她結婚了，生下了一個女兒。那年，她才十五歲。

她的丈夫大她九歲，就是老闆娘的弟弟，是個靠家裡的典型媽寶。她十五歲就跟了他，並沒有因此而得到他的珍惜。她很想繼續念高中，但是他不肯，因為他自己也只有國中畢業而已，他無法接受老婆的學歷比他高。

她回憶起那些清晨，她餵飽女兒，做好早餐，然後站在陽台上看著樓下那些跟她年紀相仿，背著書包去上課的女孩們。她經常邊看邊掉眼淚，她好羨慕她們，她真的好想再念書。

在那十年婚姻裡，他們經常吵架。如果嫁給一個大她九歲的男人，都還不足以讓她依靠，她不知道自己為什麼要走進這場婚姻？

二十五歲那年，她離婚，丈夫不肯把女兒給她。

「妳是一雙沒有人會想再穿的破鞋！」這句話是前夫在她離開時唯一送給她的贈禮，這是她用十年青春所得到的唯一註記。

那是她第二次掉著眼淚回家，她以為家可以是她暫時的港灣。結果媽媽又提出要她去酒店上班的建議，說趁現在年輕，如果當上紅牌可以賺很多錢。

那就是那隻小螃蟹的人生，每當她很努力想要爬出那個水桶的時候，身邊所有的人就會叫她放棄，勸她別再浪費力氣掙扎。「沒有用的！」「早就跟妳說了！」

最可怕的是那些聲音都是來自於她的家人。十五歲那年，她以為自己終於爬出那個水桶了；二十五歲，她發現自己竟然又回到原點，她哭著告訴自己那就再重來一次！

她沒有去酒店，她離開家去工廠上班。她的工作運很好，因為她是一隻要奮力向上爬的小螃蟹，所以她很珍惜自己的工作。長官都對她很好，剛開始她沒有錢租房子，還破例讓她睡倉庫。她很感恩，她寧可睡在冰冷的地板，也不要睡在陌生人的床上。

後來，她認識了第二個男人。她不知道前夫那句話竟然默默

地成為她的心魔與詛咒，她好自卑自己的過往，她感謝這個男人竟然還會喜歡她。她在他的面前那麼卑微，甚至還去借了上百萬元的信貸供他花用，四年後他劈腿丟下她，那場愛將她掏空，金錢和心都是，她說自己像是死了一樣！

後來，她同時兼了好幾份工作還債，然後開始重新拿起書本念書，她最後半工半讀念到國立研究所畢業。她工讀期間就進入的大公司，後來也給她升遷的機會，她的工作運一直很好，她只是感情沒有貴人。

直到她終於在幾年後遇見他，他沒有看不起她的過去，他對她很好。對她更好的，是男生那邊的家人，尤其是他的媽媽，她都叫她劉媽媽，劉媽媽根本就是拿她當自己的孩子疼——所有她在家裡不曾得到的溫暖，她都在這個家裡得到了！她要的真的不多，如果一個家可以給她這樣，就真的足以讓她溫暖好久了。

她不想比較，但卻真的好難不比較。

「妳最近好不好？工作累不累？有沒有吃飽？」劉媽媽每次見到她，都會牽著她的手這樣問；不像她每次回家看爸媽，他們每次都是先哭窮，然後要跟她拿更多的錢去賭。

一樣帶著他們去餐廳吃飯，劉媽媽如果事先就答應讓她請，

一定也會故意挑最便宜的，不捨得她花太多錢；她不是小氣，可是她真的連猜都不用猜，自己的媽媽一定是先看價錢，然後不管自己喜不喜歡吃，就一定會點最貴的來吃。

她願意，她怎麼會不願意對自己的媽媽好呢?! 不然她就連那個家都不會回去了。只是，有時候想起來還是會覺得很心酸，她不喜歡用「錢」去衡量感情，可是為什麼在那個家，「錢」卻一直是最重要的事情呢？

她一直知道，其實自己並沒有很喜歡他，他並不是她喜歡的型，他太溫和，甚至有時候還會有點軟弱。她知道自己愛上的一直是那個「家」的感覺。

原來那隻小螃蟹是一隻寄居蟹，原來她一直在尋找的，就是一種家的感覺。

那個晚上，她一直在哭，那是她跟他提分手後的第二天，她回去看劉媽媽。

「你們一定要分開嗎？就算這樣，妳還是可以常常回來看劉媽媽啊！」劉媽媽握著她的手說。

她也捨不得，不然這幾年她也不會一直貪戀地留在這裡。可

是他們是這麼好的人，他們的兒子值得更好的福分。

　　她被辜負過，她知道那種被愛得不完整的感覺。她努力過，努力告訴自己這就是「愛」。只是對他來說，他知道嗎？他知道眼前這個他全力愛著的女孩，其實並沒有那麼愛他嗎？她覺得這樣對他好不公平，他應該擁有更完整的愛，一個不只他愛她，她也同樣愛他的女孩。

　　她是真的狠心把他推開了，然後又偷偷地回頭看，看著幾個月後他終於在教會認識了那個好女孩，他們真的很相配，各方面都是。她在聽說他們很快就結婚的消息的時候，她是真心替他高興但她還是哭了，不是因為失去他，而是她真的又沒有家了。

　　她不覺得自己偉大，可是她沒有欺騙別人，這樣上天應該有可能會給她一個補償，所以她認為第四段感情，有可能是一場苦盡甘來。

　　他是她的上司，他在喪妻後父代母職地扶養兩個女兒長大，是大家口中的好爸爸。因為是上對下的辦公室戀情，為了不落人口實，他們的感情在公司是一個秘密。交往三年多來，她守著這個秘密，直到她突然發現了另外一個秘密：她在他家整理桌子的時候，在他的手機帳單裡發現了同一個號碼竟然有上百筆簡訊紀錄。她鼓起勇氣趁他在洗澡的時候偷看他的手機，她咬著嘴唇點

開那些通訊軟體，然後手狂抖到幾乎抓不住手機，她的預感是對的！她真的打開了一個潘朵拉的盒子！

原來她真的不是他唯一的女人，而且不只一個，是連她一共三個。

這些年他一直周旋在三個女人之間，她是最傻的！因為只有她是未婚；她也是最沒資格的！因為她的年資最淺，其中有一個甚至長達十七年，是從他妻子還在世的時候就已經存在的小三。

她對照著那些他們約會的時間，那是他當時說要開會、出差、出國看女兒的時間，他跟那些女人去吃飯、看電影、旅行，然後還叫她來幫他整理房子。

最不堪入目的是其中還夾雜著那些叫外賣小姐的訊息，台灣、大陸都有。她不懂，他都已經有三個女人了，為什麼還要買春？他眼中的「性」是什麼？是發洩?! 還是證明自己?!

她已經無法再相信他，她不相信那些可以同時遊走在幾份關係裡面的人，他們連愛最基本的「選擇」都做不到。而他們無法選擇的原因，就是因為「貪心」，他們無法割捨，什麼都想要。一個對愛貪婪的人，妳要如何相信他會一直堅定地守護在妳身邊?!

她發現自己一直生活在「謊言」裡，不是他對她說的那些謊而已，她是活在他的「謊言人生」裡，她只是其中的一個角色，而且是最不堪的那個！每一個在這個故事裡的人，都有她的虛假和明白，只有她是如此地全心全意。她每次只要想起這三年當中，曾經在哪個分秒覺得幸福，她就覺得諷刺，覺得心好痛。

　　最痛的是他竟然還有臉跟她說：「誰心底沒有黑暗地帶？!」她詫異地看著他，原來他的謊說得這麼理直氣壯，連自己都騙過了！認為那就是人生中真實存在的一部分。

　　她同意，每個人都有他人生「黑暗」的那部分，他不可能比她更懂，因為她就是一路從那裡爬出來的。可是她跟他不一樣！她認為就是因為自己看見了黑暗，所以才更要努力走向光明。她可以尊重他想要的「黑暗」，只是為什麼他的黑暗需要她的成全？為什麼那些明明骨子裡還想要享受單身的渣男們，卻還要硬拖著另外一個真心，來完成他們對於黑暗的冒險呢?!

　　他說她也有她的「黑暗」，因為她偷窺了他的手機。說到底，他不認為自己有錯，而且他自認沒有虧待她，如果她願意繼續下去，他可以給她永遠衣食無缺的物質生活。

　　她不要。如果她要的是錢，那她十五歲以後的人生就不是這樣。

那是一場她後來又花了四個月的拉扯，才終於醒來的惡夢。

　　「為什麼上天要給我這樣的磨難？這一路我都是自己面對，可是我沒有這麼強，我真的快撐不下去了！我的磨難到底要到什麼時候才會結束呢？」這是她當時寫在日記裡的話。

　　「我當時看這個故事看到這裡，就覺得很慘了。」我對她說。

　　這應該不是一般人會有的人生，大多數的我們雖然也會情傷，也會在挫折的時候傷心欲絕，但我們其實是帶著「愛」尋找「愛」，那是我們在當下絕對會忽略的，那就是「親情」，是我們與生俱來便有的愛。我們大多數是從一場疼愛出發，要去尋找另一種我們嚮往的疼愛──我們經常是帶著父母允許我們的任性出發，要去尋找這個世界上另外一個可以允許我們任性的人。所以我們才會很容易在「愛情」裡失落和受傷，因為它跟「親情」是如此的不一樣。「親情」的無私跟與生俱來，跟「愛情」的自私和殘忍，兩相對照，才讓我們終於明白了親情的珍貴跟幸福的不容易。

　　可是她要尋找的愛太複雜，那是一份同時兼顧「親情」與「愛情」的愛──那是一個溫暖的家，裡面有一個愛她的人。她不像你我，失去愛情還有親情的撫慰，她的每次失去，都是雙重失落，都是雙倍的傷。那是好不容易才從水桶裡爬出來的小螃蟹，從一

開始就注定會極其艱辛的旅程。

　　她太勇敢，比起大多數的我們都更勇敢，所以我們可能會在面對一次劇痛的情傷後就會對愛猶豫，但是她不會，因為她是小螃蟹，她是只要看見了一點微弱的光，就會奮力向前的小螃蟹。

　　所以，她才會有接下來的第五段感情，才會在交友網站認識了那個住在美國的華僑。他是一個離過婚的五十歲男人，愛家的巨蟹座，在徵友條件上寫的是想找「以結婚為前提」的伴侶。

　　他們在網路上聊了半年，後來他邀請她去美國看看，她也真的排了休假去了，他沒有騙她，也真的讓她看見了他在美國的生活，一切都很真實，就像某個生涯就要展開前的黎明……在她要回來台灣前的那個夜晚，他抱著她，感覺那麼捨不得，然後他說想拍性愛影片，她本來想制止，但這趟旅程的一切都是如此美好，她實在不好意思拒絕——她的惡夢就是從那裡開始的！回到台灣一個星期後他們因故吵架，那個男的說他們不適合，然後就消失了。她拚命發信想要回當時拍的影片，但是他完全不理會她。

　　她自責、憂鬱，想像出一切可怕的可能，那是小螃蟹從十五歲出發，以為已經逃脫卻從來沒有擺脫過的黑暗。她沒有偷過懶，更沒有害過任何人，為什麼她最後會有這樣的報應?!還是說，她其實早就應該死心，就像那些人跟她說過的，她本來就只是一

雙破鞋，這一切都是她活該！因為她沒資格貪圖愛，沒資格要她每次在路上經過那些戀人們就好羨慕的幸福。

那個晚上，她第一次想到死。那是那隻勇敢的小螃蟹，第一次想卸下自己的盔甲，放棄尋找幸福的戰鬥。

「謝謝妳願意分享這個故事。」我對她說。我認為要把自己的渴望跟傷，這麼坦白地分享並不容易。這其中，當然也有些許是來自於「黑暗」，那就是我們每個人心中都會有的黑暗，然而我們跟那些歌頌黑暗的人最不一樣的是，我們在面對黑暗的時候，還依然願意相信自己的「善良」。我們可能會一時糊塗，但我們永遠不會忘記自己擁有的善良，是那些善良，才讓我們遇見了那些曾經溫暖過我們的人、感動過我們的風景，因為他們也都是善良的。

因為只有「善良」才能吸引「善良」，它是我們永遠都會放在心中的燭火，即便在人生風浪中隱隱閃爍，也絕對足以溫暖，足以成為指引我們走出黑暗的希望之光。

那是她後來長達七個月的心理治療療程。她去看憂鬱症門診，她說那只是治標，先吃藥把自己的憂鬱症狀控制住。最重要的是找到好的諮商師諮商，找到生命中那個陰鬱的源頭，才會真的治本。

在諮商師的引導下，她終於放下武裝，回過頭去看生命的每一個當下的自己……她在診療室裡淚如雨下，哭到無法呼吸。她發現原來當時那個終於爬出水桶的小螃蟹，其實一直忘記要帶走的，是當年十五歲的那個恐懼無助的女孩。

　　這些年，她一直要求自己要很強，而她也的確做到了，她從國中一路念到研究所畢業。從在工廠打零工，到現在成為大公司的小主管。她不是只有讓自己活下去，她也沒有忘記要照顧父母，想辦法修補跟女兒的關係，甚至偶爾還要對沒有爬出水桶的三個妹妹們提供生活上的援助。

　　她都做到了！她唯一忘記做到的是要「愛自己」，而她一直無法「愛自己」的最大原因，是因為她無法原諒自己，她一直怪自己為什麼會在十五歲的時候就懷孕？！當時全世界沒有人幫助她，告訴她可以怎麼做？於是，她只能帶著罪惡前進，雖然她完成了許多目標，但是她從來都沒有真的原諒過自己，她從來都沒有真的擺脫過前夫對她的那句詛咒。

　　「角子，我們都知道要『愛自己』，可是你知道嗎？對某些人來說，要『愛自己』真的好難好難……」她說，在那一剎那，我跟她竟然就同時紅了眼眶。

　　親愛的，如果妳曾經感受過這個世界的無私的愛，那請妳千

萬不要忘記要「愛自己」，因為妳從生命的一開始就真的如此幸運；更不要因為遇見不好的人就傷害自己，因為那對那些無私愛妳，希望妳更好的人，真的好不公平。

她不幸運，所以從十五歲開始就要吃苦；但其實她也很幸運，因為上天從來都沒有忘記要給她再爬起來的勇氣。在四十五歲這年，她終於和失聯了三十年的那個十五歲的女孩重逢。她擁抱她，跟她說「沒關係」、「不要怕」，她會從此陪伴著她，而且誓言這一生都要盡全力對她好。

她說自己竟然到了四十五歲才開始懂得要「愛自己」。她最愛吃的櫻桃，從前她都捨不得買來吃，她說說出來很好笑，因為會打從心底覺得自己不配，不值得這麼好的生活。現在，她會買來吃，她早就有這個能力寵愛自己。

從前，她努力在這個世界尋找「愛」。現在，她已經明白，最真實的愛，妳必須自己先給自己；從前，她一直在尋覓一個「家」。現在她終於瞭解，原來自己就是自己最好的家。

如果，妳比她幸運，不必從那個深桶拚命爬出來，那請妳珍惜妳已經擁有的；如果，妳也跟她一樣，經歷了不幸的過去，請告訴自己，妳會長大，而長大以後的妳，絕對不會再被那些際遇左右，妳會對自己負責，會帶自己去更好的地方。

二〇一九年的二月，她帶著租來的專業照相裝備，去阿拉斯加看夢想中的極光。她在酷寒的雪地裡，在每一個等待極光的安靜的夜裡，想起自己的過去、現在跟將來，她越來越確定，越來越清楚……她還記得那是第十天的半夜兩點，氣溫是攝氏零下二十度，她真的看見了夢想中的極光，它們在天空中跳舞，她躲在幫相機保暖的大羽絨外套裡，邊按快門邊掉眼淚，她終於做到了！這是三十年來，她完成的的第一個夢想──第一個「愛自己」的夢想。

　　「我預計明年一月去加拿大旅行，二月去捷克跟奧地利，再來想去西藏、印度、馬丘比丘、非洲……好多想去的地方。」她笑著說，眼底發著光。原來把夢想專注在自己身上，是如此踏實又美好的事情。

　　她並不排斥再愛，但那已經不是她想努力的那部分──她再也不要努力去討好別人，她可以等，等一個懂得她的好的人。如果沒有也沒有關係，因為她一定可以，從此給自己一個美好的人生。

　　從前她總是「向外」尋找幸福的可能，於是為幸福冒險，為幸福犯錯，最後也因為失去幸福而看輕自己；現在她明白了幸福應該是「向內」尋求的道理。我們應該要先能跟自己相處，要先做到自己就能讓自己幸福。妳還是相信緣分，妳並不是要永遠一個人，而是當妳一個人也很好的時候，妳便不會輕易就把自己交

給別人，因為他不是妳的救贖，妳的人生幸福，不必靠別人才能完成，而是他必須讓妳的人生更好，妳才會讓他走進妳的人生。

「我會把這個故事寫在書裡，如果可以，我想邀請妳新書分享會的時候來跟大家分享，我覺得應該可以鼓勵到一些人。當然如果妳不想曝光，我也可以理解。」我對她說。

「時間允許，我一定到！從前我會隱藏自己十五歲就懷孕的事情，現在我知道那就是我的人生的一部分，人生不要怕走錯，就算錯了，只要願意面對，還是可以再走回來對的人生。」她說。

後來，我們在夜色中互道再見。她的綠燈先來，我看著她跑過復興北路，順著那個身影往上看，天空正高掛著一輪明月，那是一個幸福的構圖。

我在月光下走著，如果妳也跟我一樣曾經在月光下想念、在月光下後悔，甚至邊走邊掉眼淚，那就是每個人的生命裡都曾經跟月亮共有的秘密。妳知道月亮會幫妳保守那個秘密，不只如此，它還一視同仁地為我們灑下撫慰的光芒，更用它的圓缺，告訴所有正在追尋幸福的旅人們：不要後悔，不要害怕。只要繼續努力往前走，所有的缺憾與傷心，最後一定都會在時間裡得到最圓滿的回答。

一開始就把妳當成公主的人，
不會是妳真正的王子

「角子，我男朋友對我很好，每天都會用 line 噓寒問暖，只是最近他突然變冷淡了，後來我發訊息求他，請他不要不理我。結果他終於回我說，他不喜歡我在愛情裡太卑微，這樣他會有壓力，然後他覺得自己應該還是比較適合一個人，請問我該怎麼辦？」我打開這封讀者發到臉書的私訊。

「你們交往多久了？」我問。
「三個星期。」馬上回覆我。

這封信其實很多人都可以回覆，因為幾乎每個人，都曾經在年輕的時候，遇見過一個像這樣給妳夢想的人。

他剛開始會對妳很好，超出妳所有經驗的好。他的 line 的秒回，就像他一直都在妳身邊。真的在一起的時候，那種老夫老妻的樣子，就好像你們是宿世夫妻的終於重逢。妳防備過，擔心

過他有不好的動機，然後妳融化武裝，告訴自己原來妳真的那麼幸運。

他給妳的，並不是幻想，更不是花言巧語。相反地，他是那麼赤裸地對妳袒露了他的心，他的軟弱，還有他想照顧妳的勇敢。他說的都是質樸的家常，都是對妳的關心。要吃飯、要睡覺、要乖乖的、要想我──妳想起他說那些話時認真的樣子，都會忍不住笑出來，妳突然懂了，原來幸福不是浪漫，而是一種溫暖的感覺。

如果不是他曾經給過妳永晝般的溫暖，妳後來也不會有那場永夜般的孤寒。他突然變得疏遠，甚至淡出妳的生活。妳問過他為什麼？他給了妳一些理由──對比起他曾經給妳的呵護，妳犯的那些小錯應該不算什麼。但即便如此，他還是沒有想要原諒妳。重點是他沒有怪妳，他說是自己還沒有準備好，覺得自己還是比較適合一個人。

而妳又是在那場苦等裡迷惘了多久，才終於看清楚了：原來妳在那場感情裡所犯真正的錯，並不是他提出的那些小錯，而是妳竟然真的相信了他所說的「幸福」。然後我們也才真的懂了，原來感情裡最可怕的，並不是分道揚鑣後的誓不兩立，而是被用最溫柔的手勢，推入地獄。

其實，這樣很好，妳至多也只是錯過了一場虛假的幸福，妳

沒有被這場遭遇混亂了妳珍貴的價值觀。愛最珍貴的，並不是言語，而是那些真實的過程，是兩個人由淺而深，相知相惜的點滴積累。所以三年的感情跟三星期的感情是不一樣的！所以一個省略掉過程就帶妳空降幸福的人，當然也可以不必有任何理由就突然走開。

　　「幸福」從來都不是童話故事，不是所謂的王子遇見公主，幸福是兩個平凡人的「一起走過」。他說過什麼，不重要，能夠把妳說過的話放在心上，才是真的用心；他跟妳說過的將來有多美好，更不是重點，能夠一直陪在妳身旁的，才能真的牽著妳走去幸福。

　　這是一封很多人都可以回答的信，也許當時還沒有那個網路名詞，那個名詞叫做「甘蔗男」，他們的共通點就是一開始嚐起來很甜，可是最後只剩下渣。是的，妳遇過那樣的人，妳也曾經身在那樣虛幻的故事裡，那是我們最後紛紛的醒來跟學會：

　　太早發生的幸福，大多是花言巧語。一開始就把妳當成公主的人，不會是妳真正的王子。

沒有兩顆心的地方，
就不可能真的是「兩個人」。

妳現在是「一個人」，
妳已經開始偶爾跟自己談心，
吃想吃的東西，去想看的地方，
妳現在很好，而且會越來越好。

妳去過那個叫做「兩個人」的地方，
得到過短暫的快樂，
到後來卻吃了更長的苦。
這世上跟妳說想要「兩個人」的人，
後來大多數都還是用「一個人」的方式在思考。

妳已經明白「兩個人」並不是說了就算。
沒有兩顆心的地方，
就不可能真的是「兩個人」。

是那顆願意對妳用心的心，
才能讓一個人的思考，變成兩個人的體諒。
是那份始終對妳的牽掛，
才會讓兩個人就算相隔千萬里，
也一直知道自己不是一個人。

1981 HRH Prince Charles, Prince of Wales marries Lady Diana Spencer in the quire.

1999 King Hussein of Jordan' memoria service with the first rea ng of Qur'an in the cathedral.

Best Wishes

105

vol.10

會失去的，
都不是真的幸福

「角子，我正在努力走出來，每次覺得好一點了，只要一想到那些過往，就又開始鬼打牆。我一直糾結在如果當時不要鬧情緒，不要堅持那些原則，是不是我們現在還會在一起？」

我看著這則讀者發來的訊息，這不是一條特別的路，那是許多當時剛分手的我們，後來都曾經有過的遺憾和自責。妳質疑自己當時的作為，妳最過不去的點是，妳有沒有親手毀掉了自己的幸福?!

「如果自己當時真的放棄了那些堅持，讓那份感情延續到了現在，那此刻的自己就會幸福嗎？」妳又是走了多久，才終於想起要問自己這一句呢？

事實是，你們不是因為那次的爭吵才不快樂，你們是因為不快樂，於是才開始爭吵。妳在那些爭吵裡，在意的並不是自己自

106

私的感受，而是兩個人應該對幸福的投入。妳焦慮，因為妳知道一個人成不了幸福；妳傷心，因為妳越來越清楚他只想要快樂，而不是耕耘幸福。

大多數的分開，都不是因為單一事件，而是許多的事情累積的結果。妳不是因為做錯了哪件事情，他才走開，你們是因為許多的不適合，才會分開。感情沒有「對錯」，只有「愛或不愛」，真心想愛的，天大的錯最後都還是愛；不想愛了，也只要一件芝麻綠豆的小事，就可以離開。

你們曾經很好，但其實所有的感情剛開始都是那樣，更重要的是你們的後來。妳曾經把他想成「幸福」，但更重要的是他後來做到的跟「幸福」有關的事情，真的很少。「事久見人心」這句我們很早便懂得的話，經常最早的驗證就是在我們的愛情裡。

感情的樣子很多，有些感情因為發自內心，所以深刻雋永；也有些感情，只是信手拈來，所以轉身便忘。而妳要找的是一個跟妳一樣重感情的人，是一旦投入了真情，便不會輕易放手，是一旦決定說出口，便會真的盡力去做到。

人生的風雨很多，要走的路還很長，妳要找的幸福，並不只是共度一段快樂的時光，而是真的可以一起攜手到老。離開一個一開始就不願意跟妳一起努力的人，妳哪有錯過什麼「幸福」?!

會離開的，都不必真的遺憾。讓那些離開的身影，教會我們什麼才是「幸福」真實的輪廓。讓兩個不快樂的人，各自去找到適合彼此的「幸福」，其實是上天最好的安排。

　　會失去的，都不是真的幸福。如果那份感情最後是不快樂的，那就別再把它錯當成「幸福」。如果我們並沒有真的「走進去」幸福，那讓我們也不要再花時間「走出來」。妳真正應該做的是大步向前，去尋找那份真正屬於妳的幸福！

他從來都沒有跟妳約好什麼。
他只是，剛好在這份感情裡而已。

其實，你們快樂的時間並不長。
可是後來，妳還是一個人又傷心了那麼久。

妳知道那場愛並不公平。
他記得的，跟妳記得的，如此懸殊。

他從來都沒有跟妳約好什麼。
他只是，剛好在這份感情裡而已。

他永遠不會懂的，
用力愛一個人，最後會有多傷。

可是妳知道，
這個故事應該在這裡結束了。
趁著妳還記得當時的快樂。
而妳再也給不出更多的傷心。

再見。
多年後，假如還能再相見。

妳知道妳會好起來，比現在好很多很多。

而妳也終於可以，對那份愛，
真的好好地說一次，再見。

Best Wishes

vol.11

如果我們都已經盡力，
最後也可以擁抱承認不適合

　　也許，妳還在為那份感情努力。也許，那也是妳曾經有過的遭遇，就好像推開了那扇記憶的門，突然看見了，那個曾經在黑暗中困惑的自己——那是每一個曾經為愛筋疲力竭的人，都有過的一個深刻的夜。

　　妳在那一夜裡想了很多，尤其是那些你們曾經很快樂的事情。每一個畫面，每一個他照顧妳、逗妳笑的樣子，妳都記得，所以妳才會一直捨不得離開，一直問自己，還可以為這份感情，再努力什麼？

　　這一路，他曾經給過妳多少快樂，後來，妳就為了他流過多少眼淚。後來的你們，感覺一直都在吵架。從一開始的就事論事，到後來帶著情緒而吵，你們明明是為了讓那份愛更好而爭吵，可是最後卻還是沒有學會什麼。直到最後那幾次，妳在他憤怒的眼底看見了一種陌生的神情，妳突然發現，他好像真的已經不再愛

妳了。

　　妳回想起當時，你們是真心「喜歡」過彼此，也真的想要好好「在一起」的。只是後來你們也逐漸明白，原來真正的「喜歡」，並不只是剛開始的喜歡，還要能夠接受後來的那些「不喜歡」，才是真的「喜歡」。而真正的「在一起」，並不只是兩個人走在一起，而是彼此的人生也要能夠相融在一起，才是真的「在一起」。

　　你們是真的努力過了，想改變對方、也被對方要求改變，你們的要求到後來很容易就變成爭吵，然後在那些爭吵過後發現，讓你們吵架的原因好像有很多，但也許只有一個，就是你們其實並沒有那麼適合。

　　也許，他還「承諾」過妳，但比起「責怪」，其實妳更覺得「可惜」，因為妳知道他並不是故意要騙妳，在那一刻他也是真心真意，就像當時也曾經深深感動的妳，你們是真的一起想過那場美好的將來。只是後來你們也一起經歷、更一起明白了，原來這世上關於愛的「承諾」之所以後來大多數沒有被實現，並不一定都是因為欺騙，也可能是因為你們心中所想的「愛」的樣子，並不一樣。他並沒有毀棄他的諾言，而是你們想要的幸福，你們真心想去的地方，原來並不一樣。

那是妳在那個深刻的夜晚，最後最艱難的決定。如果你們都曾經為這份感情流汗、流淚，那可不可以讓我們在這份感情灰飛煙滅之前，在像許多戀人們後來開始憎恨彼此之前，讓我們努力好好放手。如此，我便可以永遠在記憶裡收藏你曾經送給我的玫瑰、曾經指給我看的星辰；如此，我便可以在最後還是良善地學會，原來我們的真心，對彼此都不是浪費，而是我們在各自走去幸福之前，最珍貴的學會。

　　並不是所有的「沒有結果」，都是辜負。如果我們都已經盡力，最後也可以擁抱承認不適合。

　　妳知道，說完再見之後的路難免會辛苦，但妳更清楚，只有那樣，妳才能找到真的幸福。妳難免遺憾，但也只有經過那樣的遺憾，才會讓我們更清楚：「發現」和「證明」，本來就是尋找幸福的過程。正因為那些「失望」和「遺憾」，才更突顯了，幸福的珍貴。

　　天亮後，妳就要啟程。妳可以認錯人，但是妳不會繼續耽誤自己。妳會加油，幸福是每個人的權利，妳絕對不會放棄。

他不想再努力了，就是唯一的理由。

◆

因為有一段時期，會只在乎的那個人。
所以後來也才會有一段時光，
會拼命想忘記的那個名字。

那就是愛的因為和所以。
因為曾經很快樂，所以才會很傷心。
因為想像得太多，
所以後來的真實才會那麼殘忍。

妳沒有輸給誰，
不適合，才是妳唯一的對手。
別再苦求那個可以說服妳的理由，
他不想再努力了，就是唯一的理由。

別再讓一個不想陪妳走的人，
繼續決定妳的幸福。
別把幸福交到別人手上，
幸福，一直都是自己的事。

妳終於明白，那才是愛真正的因為和所以。
因為吃了很多別人給的苦，
所以妳不會再自討苦吃。
因為愛應該是很舒服的事，
所以妳寧可先一個人過好，也不會再將就。

◆

Best Wishes

他沒說出來唯一的理由，
就是「自私」而已

　　妳不笨，從小到大，很多事情妳一聽就明白。直到妳遇見他，妳開始懷疑自己的智商，因為他跟妳說過的許多理由，妳就是想不通。

　　妳一直以為兩個相愛的人，沒有什麼事情是不能好好溝通的。於是妳鼓起勇氣坦白，將對他的想念據實以告。妳接受也許男女有別，每個人對「愛」的人生比重也都不同，但是妳真的沒有要很多，妳只是偶爾也想感受到他的「在乎」，讓妳確定在這份感情裡的努力是值得的。

　　妳覺得兩個已經「在一起」的人，不只是兩個人的時候要走在一起，也應該要在那些一個人走的時空裡懂得「避嫌」。妳不是只有要求他，妳自己也都真的做到。只是，對妳來說要做到如此簡單；可是為什麼對他來說，就那麼困難呢？為什麼一個正在跟妳交往中的人，還有多餘的時間跟情緒，需要跟別的

女性交流呢？

　　他從來都沒有直接答應過妳的要求，因為他總有他的理由。他的理由的面向很多，也許跟「過去的某個經驗」有關，也許是因為他的「個性」，又或者是因為他的「成長過程」……他總是說得超然又自然，就好像那些理由都與他無關，於是最後每次的結論都很像：他沒有錯，錯的人是妳，是妳想太多，是妳要的太多。

　　妳是真的努力過了，妳試過要接受他的理由，妳為了他，甚至扭曲了許多「愛」的定義：妳用「寂寞」鍛鍊自己的獨立，用「守候」成全了他的自由，妳甚至在每一次又「退讓」的時候告訴自己，那就是每份愛都必須磨合的過程。

　　他給妳的那些理由，從來都不曾幫助妳釐清過什麼，那一直是妳一個人的苦思與迷走，妳從來都沒有真的想通什麼，妳只是越來越不懂「愛」是什麼？為什麼妳對「愛」的在乎與苦心經營，會變成是在找麻煩呢？

　　他說妳想要的太多，可是妳擁有的卻只有「迷惘」。倒是他，又不想寂寞，又可以保有自由；又要妳懂他的理由，又不願意思考妳的感受；又要妳只屬於他，又不肯將妳好好珍惜——比起妳所擁有的微薄，原來他才是這場感情裡最貪心的人。

妳要的愛並不複雜，妳在這份感情裡從頭到尾要的東西只有一種，就是「互相」。所有妳正在努力著的，妳也希望看得到他一起努力的身影。他不會懂得「互相」的，因為在這份感情裡，他最愛的人並不是妳，而是自己，所以他的所謂「互相」，從來都不是跟妳，而是他跟自己。

　　一個習慣什麼都要的人，能給妳的總是很少。一個什麼都有理由的人，永遠都不會調整自己。

　　妳總會懂的，並不是妳想不通，而是他永遠都說不清楚。因為他沒說出來唯一的理由，就是「自私」而已。

他沒有那麼重要，
一個不能給妳幸福的人，
妳也不必給他重要的位置。

妳不是因為他而傷心，
妳是因為這份投入很深的感情，
最後沒有成為幸福而覺得傷心。

妳並不是對愛失望，
妳是對於他的不懂珍惜，而覺得失望。

妳不是無法再愛，
妳是再也不會把短暫的喜歡當成幸福，
一定要對方夠好，妳才會交出珍貴的自己。

他沒有那麼重要，
一個不能給妳幸福的人，
妳也不必給他重要的位置。
妳一定會繼續往前，妳最重要的幸福，
只會一直進化，而不會被任何人阻礙。

Best Wishes

塩麵包的故事

我坐在回台北的高鐵上，突然覺得肚子有點餓了，我想起剛剛他送給我的「塩麵包」，打開紙袋，麵包的香氣撲鼻而來，這也許不是我所吃過最好吃的，但卻是我所聽過最有故事的「塩麵包」。

「你跟我想像的樣子完全不一樣！」這是我剛才見到他時說的第一句話。

我想像的他應該很宅，因為只有很宅的男生才會在出社會後才談第一次戀愛；也只有很宅的男生才能夠耐心地寫完一個完整的故事，然後存在 word 檔裡寄給我。

起碼，我沒有想過他會染一頭金髮。

「我喜歡每隔一陣子，就換一下頭髮的顏色。」他笑著說。然後我看見他的單眼皮，現在單眼皮的男生，好像越來越少了；

就好像現在會苦苦等候一個女孩的男孩，也越來越珍稀一樣。

　　他在之前寫給我的信裡說，這是他的初戀，他們是麵包店的同事，那是他退伍後的第一份工作。

　　「你大學念什麼？」我們坐在高鐵站的咖啡廳，這是我今天問他的第一個問題。
　　「商業相關科系。但是做麵包一直是我的興趣，所以退伍後我就去新竹的麵包店從學徒學起。」他說。
　　「你就是在那裡遇見她？」我問。
　　「嗯。」他點點頭。他說他們其實是在認識的三個月後才開始有互動。他個性悶，喜歡專心做事，平常幾乎都在麵包店後面的烘焙室工作。她是門市小姐，店裡生意一直不錯，所以她們也不太會有時間到後面來。

　　他雖然不擅長交際，但是他喜歡工作時有輕鬆的氣氛，隔著烘焙室的玻璃窗，他經常看見她的笑容，他覺得她的笑容很可愛，尤其是工作很累的時候，突然看見她跟其他兩位女同事互動時的笑容，就會讓他忘記工作的疲憊。

　　另外那兩位門市的女生，後來知道他單身；另外他也聽說她剛跟前男友分手，而且前男友好像對她並不好。於是兩位女同事想把他們湊成對，平時都是嘴巴說說，第一次具體化成行動，是

在那年公司尾牙後的續攤，大家在 KTV 裡面玩遊戲，然後輸的人要被處罰，最後他們兩個得到的處罰是要「接吻」。

「可以改成罰酒嗎？」她說。
「當然不行！」大家異口同聲地回答。

接完吻後，她馬上別過頭去用衛生紙擦嘴；他怔怔地什麼都沒有做，他只是在聚會結束後選擇跑樓梯，比搭電梯的其他人更快地衝出 KTV 大門，因為他覺得很尷尬，他不好意思在光線很亮的地方面對她。沒有人知道，那其實是他的初吻。

「抱歉。」他在睡覺前發 line 跟她致歉。
她已讀不回。

那年農曆年假期，他們全家人去香港迪士尼樂園玩，他在禮品店裡幫同事們每個人都買了一支筆，不知為何他突然幫她挑了一個不一樣的禮物，那是一個手機吊飾。

發完伴手禮那天，他正要下班回家，她突然從門市跑出來喊他。

「這個禮物還給你，我不收跟大家不一樣的東西。」她年紀比他小五歲，但十分有主見。

他其實真正想說的是抱歉，是延續那天道歉的手機訊息的心意。可是他說不出口。於是他說：「那就當作伴手禮兼生日禮物好了！」他聽說前幾天是她的生日。

　　在她點頭說好，然後轉身跑回店裡的那段時間，他並沒有馬上發動摩托車離開，他看起來在移車，但其實他心底忙著在想：她明明可以利用我對她的「特別」，然後讓我為她做許多事情，可是她卻不要……

　　那是一個女孩想把一個男孩從命運推開的舉動；可是卻讓那個男孩鼓起了更大的勇氣，想要追求那個女孩。

　　從那個拒絕之後，他們對話的機會反而變多了。並不是因為他們見面的次數變頻繁，而是他們開始看得見彼此了。為什麼他們為彼此停下來的時間會變多呢？而她眼中的他，又是什麼呢？他很想知道，而且越來越想知道，終於他決定那天在店外面等她下班。他們烘焙部人員是七點下班，而門市部門一般忙完大概都要十一點才能離開。

　　「你為什麼還在這裡？」她一走出店門口就驚訝地問。
　　「這給妳。」遞給她剛買的熱可可。

　　那是他來想問她的「為什麼」，跟她剛剛才問他的「為什

麼」，可是沒有人真正地回答，他們只是一起走了一段，本來只是想走到那裡，後來又延伸到那裡……那是他們後來一起走了許久的夜晚，他們聊了很多，最重要的是他們終於聊到了彼此的感情，不是現在的，而是從前。他的從前是一張白紙，所以他多數只是聽，可是他心底在寫著，他在心底的那張白紙上寫的，是一個正在開始的初戀的故事。

如果每一份愛的開始，都需要一個「告白」，那他永遠會記得那個日子。

從那個晚上之後，他們開始會每天用 line 聊天，會一起出去吃飯，甚至他們還一起計畫了一次旅行。

「ㄟ，妳覺得我們這樣算不算在一起了？」他想了一下，還是用力把這個訊息發出去了。好在，她馬上就讀了，沒有時間讓他猶豫要不要收回。
「看你啊。」她回。

看見這個答案他就一直笑、一直笑，那是他打從心底的天旋地轉，他好開心，他想過一百種會被她打槍的可能，但是她竟然讓他決定。

「那妳要從四月十七日去台中玩那天開始在一起，還是從今

天開始算在一起呢？」他問。

　　他還沒等到她回答，就馬上接著寫：「如果是我決定，那就從今天開始好了！」那則訊息「咻」一聲的發出去了，卻彷彿同時在他心底發出了巨大的聲響，像是一個重大的允諾。

　　四月五日，他永遠不會忘記這個他們開始「在一起」的日子。

　　而且就像每一個初戀的人那樣，很容易就把「在一起」想成是「從此過著幸福快樂的日子」。

　　如果可以，他想開一間自己的麵包店。但是他並不躁進，他想慢慢來，慢慢地把技術學好，從學徒、三手、二手，升到真正的麵包師傅。他後來的夢想不只是一間麵包店，還增加了她——它們兩者之間的關聯，就是她最愛吃他做的塩麵包。他將來要開一間麵包店，她是那間店的女主人，裡面賣著她最愛吃的塩麵包。

　　他們在一起的幾個月後，她升大學二年級了，因為念的是建教合作的學校，所以她必須去桃園實習一年。他決定陪她搬去桃園，於是他辭掉了新竹的工作，改找桃園的麵包店工作。他們沒有住在一起，因為她說她的父親不希望他們住在一起，他懂，如果他有女兒一個人搬出去住，他一定也不希望她那麼快就跟男朋

友住在一起。

　　他在桃園找工作找得並不順利，後來他把通勤範圍擴大到中壢，終於在中壢找到一間正在徵人的麵包店。而且他們願意培養他，從之前的「學徒」升到「三手」，老闆希望他可以起碼做三年，這樣就有機會可以成為真正的麵包師傅——三年，這也是他後來對夢想承諾的數字，這裡的師傅對他很好，完全不藏私，他一定要好好學三年，成為一個真正的麵包師傅。

　　一起在桃園的這一年，是他們最快樂的一段時光。他們一起去了許多地方，一起做了許多事情。她最在乎心意，最喜歡手工做的東西。那年她的生日，他才剛去麵包店工作不久，他硬著頭皮跟老闆請假，他猜老闆可能會覺得他很大牌，但是他真的很想幫她好好過一次生日。

　　當她看見他親手為她摺的那一百二十朵紙玫瑰的時候，她的眼睛也笑出了花朵。那個花園的第一朵紙玫瑰很難，他是下班後在網路上一步一步跟著示範影片學的，之後的一百一十九朵比較容易，他只要犧牲睡眠就可以，那是他連續幾天在宿舍邊打瞌睡邊完成的玫瑰花園。

　　「謝謝你！你對我真的好好！」她說。

從前，每當他覺得工作累的時候，他只要看向門市的玻璃窗，只要看見她的笑容，就會忘記所有的疲憊；現在，他只要回想起她那一天的笑容，就算有再大的工作壓力，也可以舒緩。更何況，他離他的夢想越來越近了，師傅那天誇他的「塩麵包」做得都可以出師了！他很開心，他一定會繼續加油，對麵包，對她，都是。

　　她升大三，實習結束了，她必須要再回到新竹的學校去上課，大四再回來桃園實習。這次，他沒有陪她再搬回新竹。因為跟「夢想」有過三年的約定，他一定要在這裡撐完三年。於是，他們說好了，等到她大四再回來桃園，他們就要住在一起。

　　回到新竹後，她繼續打工，那份工作是無法休周末的，而偏偏他工作的麵包店，一直以來都只能在週末休息，所以他們的見面開始變得很難。

　　他不知該如何形容那個感覺，就是覺得兩個人的距離好像不是原來說好的桃園和新竹的距離而已，而是越來越遠。

　　他偶爾會在下班後跑去新竹看她，看幾分鐘都好，然後再騎很久的摩托車回桃園。他一直以為，愛就是直接表達，於是，才有了那一次從桃園騎車去苗栗看她的瘋狂行為。

　　他應該要考慮到她的心情的，因為當時的她是跟著爸媽回

苗栗老家參加喪禮，大家庭裡的長輩過世，子孫都會回去。他太久沒見到她，又想給她一個驚喜，於是他突然決定從桃園騎摩托車去苗栗的山上看她。再打電話給她之前他還去買了一些手搖飲料，想說萬一見到她的親戚們可以給大家消暑。

「妳猜我在哪裡？」他電話一接通就問她說，他還想問她老家該往山的哪個方向走。

他以為她會驚喜，但是她沒有。「我們家族的人很多，你這樣突然跑來很奇怪！為什麼不先問過我呢？！」她說。

後來，他沒有見到她。聽到她那樣的語氣，他也不想為難她。他沒有要見其他人，他來這裡只想見她，他其實從頭到尾也只是想看看她而已。

「那我回去好了。」他承認他也有情緒。

他從騎來的路再原路騎回去，因為沒有騎來時的期待感護身，在回去的路上他發現自己的脖子、臉都嚴重曬傷，但再痛都沒有他的心那麼傷。他覺得自己絕對有錯，但還是覺得委屈，他那麼想見她，她不懂嗎？他那麼想見她，她不想嗎？在回來幾個小時的路程上，他一直這麼想。

愛你的人，就算你是錯的，也會只看見你因為「愛」而為她做的那部分；不愛你的人，就算你做得再好，也只會看見其中的瑕疵。那些你為了愛而犯的癡傻，愛你的人會心疼；不愛你的人則責備。愛你的人，會因為你的魯莽而驚喜；不愛你的人，則備覺打擾。

　　甚至，她其實也只是不希望太多人知道你們在一起而已。

　　當這個故事看到這裡的時候，我的心底竟然就冒出了這些句子和念頭。

　　他們已經早就計畫好一場旅行，他甚至在兩個月前就把假排好了，一直以來都是這樣，飯店、景點，包括要去吃什麼好吃的都是他負責規劃。然後她突然跟他說，因為外婆生病住院了，最近工作也不是太順利，所以可能沒辦法去了。

　　他一直修改行程，一直跟她商量，最後他說：「那從三天改成當天來回不要住，總可以吧？」他真的好失望。他不知道為什麼自己後來還要再補上這些話：「一個月見一次面很難嗎？我這樣要求會很過分嗎？」

　　他們就是從這個情緒開始爆發爭吵的，直到她突然說：「我們可能走不下去了。」

「妳是不是找到更好的人了？妳可以說沒關係。」話一出口，
他就後悔了。

　　「這就是壓垮我們的最後一根稻草，沒有信任就什麼都不必
再說了。」她突然掛上電話。

　　他一下子反應過來，她剛剛說要「分手」了！

　　「最後一根稻草」？所以，對她來說，這份關係，這份他一
直這麼看重的感情，
原來在她心目中，已經是負擔這麼久了？

　　那個晚上，他沒有辦法睡，一大早他就出現在她家樓下。他
打電話給她，她很久以後才接，又隔了很久才下來。

　　她一見到他，就把手上的一袋東西遞給他。那是他的安全帽，
還有他之前送給她的東西。

　　「一定要這麼絕嗎？」他說，覺得心好酸。
　　「我們真的不可能了。」她說。

　　他抱著她哭，一直說「對不起」，可是就像她說的，她沒有
再給他任何接下來的可能。

後來，他問過她的姊妹淘，問他們是不是還有機會。她們都告訴他，真的沒有機會了。

　　如果那個跟你提分手的人，連她身邊的好朋友都覺得你們不可能復合了，那一定是因為她的朋友一直知道，她其實早就想跟你分開，只是這次終於付諸行動而已。我心底的聲音，又在這個時候冒出來。

　　「你再去找她，只會讓她更討厭你而已！」有個她的姊妹淘對他這麼說。

　　即便如此，三個月後他還是又跑去找她。他還帶了禮物，那是他選了好久的一條白圍巾。終於見到她，她不但不收他的東西，還把他租屋的鑰匙還給他。他明明是為了更靠近她而來，卻反而讓他們越來越遠；他明明有千言萬語想說，看見她強硬的態度，一下子腦袋都空白了、哽咽了，什麼都說不出來……

　　回到車上他又一個人大哭了一場，哭完抹乾眼淚，他告訴自己，這是他最後一次為她哭了。

　　「嗯，其實你寫給我的信，故事已經說得非常完整。我今天來這裡，就是想當面問你一個問題。」我說。

「她在跟你認識之前，才剛跟前男友分手沒多久，對嗎？」

「嗯。」他點頭。

「那個前男友據說對她很壞，可是她還是跟他在一起拖了一陣子，可見她對於很愛的人，應該不是那種會馬上就分得很乾脆的。而且她一開始並不喜歡你，也說了你並不是她喜歡的型……我的意思是，你有沒有懷疑過自己可能只是她因為害怕寂寞，而做的過渡期選擇而已？」我一口氣說出了我的疑慮，我只差沒有把「工具人」三個字說出來而已。

他對我笑了笑，沒有回答我。

這個故事應該到這裡結束，但是並沒有。

跟她見完面那天，他回家後也把她的東西收好，他沒有還給她，他把它們裝在一個紙箱裡，在封箱之前，他寫了一張紙條放進去，封箱後把它放在衣櫃的最上面。

他說他會再等她一年。

「為什麼是一年？」我問。

「因為夠長，長到她也許還有機會可以想想，願不願意再給這份感情一次機會？」他說。

一年太長，要讓一個想回頭的人回頭，其實也只要給她一秒鐘便已足夠。

　　一年也太苦，他說他在後來的那些日子裡，想了很多，他還沒有勇氣再回去他們曾經走過的地方，於是他總是在陌生的地方想，他經常以為只是去散心，但他發現自己最後都還是又怔怔地想，他想起他們那一年，一起去過拉拉山看櫻花、那場兩天一夜高雄旗津的旅行，還有去坪林參加的那場最後終於牽手「走」完的馬拉松……

　　他並沒有遵守全部對自己的承諾，他後來還是又忍不住掉了幾次眼淚。尤其是當他又突然想起她，尤其是當他又做著她最愛吃的塩麵包的時候。

　　我剛剛問他的那一題，他其實早就一個人問過天空無數次了：
　　「她過得好嗎？」
　　「還會想起我嗎？」
　　「她為什麼可以這麼果斷就跟我分得這麼乾淨呢？」

　　我看著他裝麵包給我的袋子，那是一個刻意選過的紙袋，紙袋上有一個小熊，他是一個用心的男生。

　　高鐵車廂的窗外開始下起雨，我看著路人們緊緊地握著傘，

那就是每一把傘都曾經為傘下的人所付出的全心全意。在風雨中握住傘柄的手，都一樣堅定，而我們也只有真的等到雨停，才會知道原來那一雙雙曾經充滿溫度的手，究竟是出自真心，還是只是為了躲避一時的風雨而已。

然而，你總會知道的，那不會只是你一個人的心情。在這個城市的許多角落，那散落一地的被遺忘的傘，在放晴後各自淌著淚水，那就是每一個「工具人」都懂的眼淚。

還差三個月，一年就到了。他說他會再去找她，問她願不願意再給他一次機會？

那時她大四了，應該會開始在新的地方實習，他會問她的姊妹淘她在哪裡工作？他會帶著塩麵包去等她下班，他想為自己再努力一次。

他想過她可能還是會一樣拒絕他，甚至看見另外那個來接她下班的男孩。不論什麼情況他都會接受，因為他真的盡力了，他已經給了這份五百四十一日的感情又多了三百六十五天的機會。

其實，所有的答案他應該都已經知道了。

如果，一份感情的一開始不是欺騙，那就沒有人是工具人。

如果，他追求的是一份高尚的愛情，那他就會永遠保有那份高尚的情操——不是所有沒有結果的愛都是利用，不是不能陪你走到最後的人就應該是仇人。

這次他連要說的話都已經準備好了，他不要再說：「對不起」了，這次他是真心地想說：「謝謝。」

謝謝她也用了她的青春，陪他走了這一段時光；謝謝她也認真地努力了，給過這份愛一次機會；更謝謝她最後的誠實，她選擇不欺騙他。

他尤其要謝謝的，是自己。他真的做到為一個很喜歡的人，一份真的很愛的感情，盡了全力。他沒有後悔，也不會從此變成什麼樣的人，他會帶著這份固執的勇敢前進。他知道，他一定會遇見一個喜歡他的女孩，他會一樣魯莽、固執，但是盡全力寵她。他不會變，他不要變，他要把這一切，留給那個珍惜他的女孩，他會降落在她的人生，他要做她的幸福天使。

每一個幸福天使的前身，都曾經是一個工具人。

「那張封在紙箱裡的紙條上面寫什麼？」我在離開前突然想起這個問題。
「一年後，這不是結束，而會是一個新的開始。」他說。

「嗯，那一定是一個新的開始。」我笑著說。我想獻上我的祝福，我喜歡這個故事，我喜歡它的滋味，有眼淚的鹹、有記憶的甜⋯⋯

　　就像此刻我正在咀嚼的塩麵包的滋味。

原來那些曲折，
都是為了走向你。

妳寧可自己不是一個幸運的人，
因為感情的幸運是如此不踏實的事，
輕易就降臨的幸福，也經常輕易就會失去。

妳不想做誰柔弱的公主，
妳等的也不是無條件愛妳的王子，
妳要的幸福是兩個懂得的人的相遇。

不是只有快樂和浪漫，
而是都嚐過眼淚和懂得珍惜。
不是只有完美的承諾，
更懂得心的交流才是最堅固的聯繫。

原來那些曲折，都是為了走向你。

好在，我們都不夠好運，
所以才能遇見，後來最好的彼此。

Best Wishes

vol.13

離開

「角子你好，再次寫信給你，兩年過去了⋯⋯」我看著這封臉書訊息，順勢把手機螢幕往上滑，看見她兩年前曾經寫給我的信。

當時她的老公外遇了，她在最傷心的時刻看見了我的 FB，覺得得到了安慰，於是從遙遠的美國發信給我，希望得到我的鼓勵。

她說她捨不得離開，跟所有離不開的人一樣，她不相信自己可以做到。更何況這是一份二十年的感情，他可以說放就放，可是她真的做不到。

「後來，我們還是離婚了。」她在兩年後新寫給我的這封信上說。因為他不是心不在而已，而是連人都很少回來。她不是孑然一身地離開，她是帶著四個女兒離開。她們最小的六歲，

最大的十八歲，那是她的堅持，她也許是個失敗的妻子，但她絕對不允許自己是個不稱職的母親。

「剛開始的日子真的很辛苦，我是全職上班族，多年來我一直是先開車送女兒們去三個學校上學，然後自己再去上班，當女兒們都去上課，車子就變成我最私密的空間，當生活不順利，情緒又低潮的時候……我在那個安靜的空間裡邊想邊掉眼淚，好幾次把車停在路邊大哭起來……

「可是奇特的是，每當情緒平穩了以後，再回頭想，當時那些困住自己的心酸、覺得很糟的感受，事後再回想起來，好像也不是真的那麼無路可走……就這樣，抹乾眼淚就再往下走，漸漸地，也不再為從前哭了，漸漸地，也會因為現在而笑了！」

好像就是這樣，面對「離開」，我們是最有憂患意識的戰士。我們會預設好所有可能會面對的困境，然後還沒出發就先被那些想像出來的戰役擊倒。妳不是不夠勇敢，妳是忘記了，就跟「長大」一樣，膽量跟肌肉，都是在成長的過程中逐漸練出來的。妳在這一次過程裡的「做到」跟「沒有做到」都一樣會變成妳面對下一次的膽量和肌肉。妳在這一次挑戰裡的「成功」和「失敗」都一樣會成為妳下一場蛻變的理由。

「離開」一定很辛苦，卻絕對不是複雜的工程。它不是妳必

須百分百準備好的龐大工程，而是妳只要從 0 移動到 0.1 ——妳只要真的開始，妳就已經啟動了那個會自動完成的工程。

妳不必準備好全部的勇氣才能上路，因為一路上妳將會越來越勇敢；妳更不必擔心自己會不好，因為只要方向對了，妳接下來的人生就一定會越來越好。

「角子，我失去他，可是我找到了更重要的自己。後來，我辭掉了十八年的工作，進入了全新的領域，重新學習，為自己而活，我非常開心自己的決定。兩年後我寫這封信來，是想告訴你，當時那個收到你的鼓勵的女生，後來真的已經出發……」

我想起當時回她的信，我跟她說，在「離開」後的第一天，請記得告訴自己：這並不是妳「離開」他之後的第一天，而是妳要重新走向「幸福」的第一天；妳不是正在離開他，妳是正要帶自己去找真的幸福。

「我可以把妳的故事寫出來嗎？我覺得可以鼓勵到許多人。」我發臉書訊息問她。

「可以！」隔著時差，卻馬上就回覆我。

於是我就提筆寫下這個故事，我從沒見過她，可是不知為何

我就一直想起她在駕駛座上的樣子，那是她的人生、她的方向盤，她今年應該四十八歲了，可是依然神采飛揚……這是這個故事的結束；而她精采確定的人生，才正要開始。

妳不需要恨，
妳真正需要的是，對自己的祝福。

當怎麼努力都忘不掉的時候，
我們便很容易由愛生恨。
事實是，妳自以為可以用恨忘記的，
都只是用恨提醒自己記得更牢而已。

恨，傷不到他；最傷的，還是自己。
不要讓已經低頭很久的自己，
走入更黑暗的世界。
不要讓已經很後悔的自己，
還要為接下來的作為繼續後悔。

傷心，不需要做什麼。
傷心，就是安靜地走過傷心。

妳不需要恨，
妳真正需要的是，對自己的祝福。

妳一定會走過這段辛苦，
妳一定會看見更美的風景，
妳一定會得到，妳值得的幸福。

Best Wishes

「一個人」的快樂，
才是妳最永恆的幸福

美芳走進那間咖啡廳，那間店果真就像 FB 上介紹的那麼可愛！她坐下來，

「嗯，我要一個這個。」美芳比了 menu 上一個好吃但也好貴的千層蛋糕，就在侍者要離開的那剎那，「嗯，我還要一個這個。」她馬上又多指了另外一個口味。貴就貴吧！這本來就是她想要好好「一個人」享受的下午。

事實好像就是這樣，當妳愛上一個人，決定跟他在一起，妳的世界就會從「一個人」變成「兩個人」。妳是真心地開始把日子當成「兩個人」在過，從前妳「一個人」會去的地方，很多都不會再去，妳開始去「兩個人」都會喜歡的地方。因為妳覺得只有兩個人都喜歡，日子才會快樂，只有彼此的配合和成全，兩個人才會同時幸福。

美芳的感情沒有太大的問題，他們大多數的時間很好。開心，但也會偶爾爭吵；偶爾被生活的小事絆倒，但也會很快就又站起來。他們應該會在一起很久，也許就真的是一輩子。但就跟很多在一起很久的情侶一樣，會不會妳偶爾也覺得有點疲乏？沒有人做錯什麼，但妳就是覺得有一點點累累的。他對妳不錯，妳愛他，妳也很知足，妳沒有想要怎麼樣，好啦！妳承認，妳有時候就是會想找「幸福」的麻煩。

　　每當美芳覺得自己又開始想找「幸福」的麻煩的時候，她就會讓那份愛退回到一個「最簡單」的狀態。暫時不再去那份愛裡找答案，不再用那份愛詮釋幸福；不再認為自己應該做什麼，或者對方應該再做什麼。讓這個世界單純地只剩下自己，好好地溫習一下那個已經被妳忽略很久了的自己。

　　不必犧牲，也不必體貼，全世界妳只要在乎自己就好了。好好享受只有自己跟自己肩併著肩，才能感受到的最平靜的安靜……然後想起，當時的妳就是從這樣「一個人」的位置出發。然後看見，原來自己真的是好不容易才走到這裡。

　　妳不是逃避，更不是自私，那是妳在深耕幸福後的終於明白：最好的幸福，並不是「兩個人」一直攜手往前走，而是妳偶爾也要記得回去「一個人」的快樂。因為幸福並不都是「兩個人」的開創，也有許多「一個人」的沉澱和整理；因為「幸

福」後來會成為「更幸福」，並不只是「兩個人」要更加努力，更需要你們各自「一個人」的更懂珍惜。

　　妳努力耕耘幸福，妳明白這世上沒有幸福的永久保固書。在愛的路上，我們會不小心認錯人，也會不小心被認錯。於是曾經跟我們快樂走在一起的人，最後也會為了快樂而離開我們。而那個說要讓妳幸福的人，也可能在下一刻就奪走了妳所有的幸福。

　　於是我們才更要努力溫習一個人的快樂，讓它也成為妳耕耘幸福的一部分。讓妳的幸福，不是「有」或「沒有」，不是「過去」或「現在」，而是不管「一個人」或「兩個人」，妳都會讓自己幸福。

　　這一生，妳永遠都會記得，要從「一個人」的快樂出發，最後，也還能保有「一個人」的幸福。妳的人生，妳會自己布置，妳感謝那些短暫參與過妳的人生的人，謝謝他們妝點了妳的人生，但他們不可能拿走妳的幸福，因為那是妳的地盤，沒有人可以從那裡帶走什麼。

　　那是美芳後來回憶起來很快樂的一個下午，她走進一間帽子店，可是最後在那裡買了一條圍巾。她在書店裡喝了咖啡，吃了好吃的千層蛋糕，然後突然決定去找一本烘焙的書來好好學……「一個人」本來就是可以很隨興的，我們在那趟一個人的旅程

裡回味、想念，學會了更愛自己也更愛別人，學會享受也學會
珍惜，那是妳終生都不會停止給自己的犒賞跟約定：

「一個人」的快樂，才是妳最永恆的幸福。

那些可以真的跟妳做到「好聚好散」的人，
經常是因為他們的心，
早在分手前，就已經跟妳離散。

我們比較容易「好聚」，
卻很難做到「好散」。
而那些可以真的跟妳做到「好聚好散」的人，
經常是因為他們的心，
早在分手前，就已經跟妳離散。

後來，妳才明白，
我們真正應該努力的「好聚好散」，
並不是跟那個再與妳無關的人，
而是跟過去的自己。

妳會告別那個執著的自己，
妳會出發與更好的明天相聚。
妳已經學會，真正的勇敢，
並不是執著在曾經，而是繼續追尋幸福的勇氣。
妳已經知道，真正的好聚，並不是苦苦追隨，
而是總是想在妳身旁。

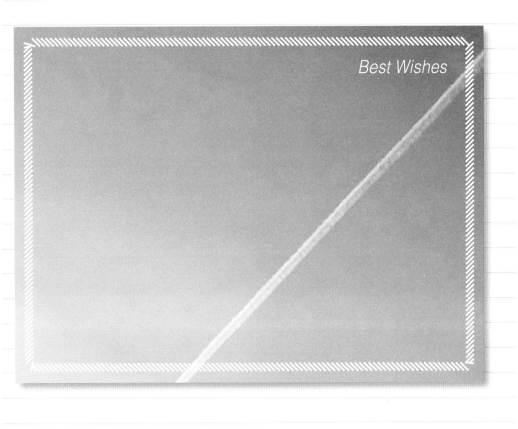

Best Wishes

妳沒有輸給誰，
不適合，才是妳唯一的對手

你們「剛」分開，感情裡的時間經常是相對而非絕對——他早已經展開新的生活；而妳卻才「剛」要從那場感情裡走出來而已。

妳知道自己已經與他無關，妳以為最傷心的那部分已經走過，妳從沒想到連那份「無關」都還可以給妳加長版的試煉，那是當妳知道他很快就有了新的感情，他不只沒有猶豫就愛上了新的人，而且還沒有猶豫地就在自己的社群平臺上展現了新的幸福。那個女孩的笑容那麼燦爛，應該所有看見的人都會感受到甜蜜，而妳是全世界唯一心酸的人。

他不會顧慮妳，妳懂，可是為什麼妳還是阻止不了自己的傷心？「那個女孩真的比我好嗎？」妳問自己，然後努力塞給自己各種健康正向的答案，可是不知道為什麼那些答案最後都還是指向妳，是的，妳不是只有傷心而已，妳還開始懷疑自己。

妳默默地從各個角度跟她比較，從年紀、外表到能力……妳在那些輸掉的項目裡，感嘆不已；就算結果是妳都贏，妳還是心酸地輸掉那份感情。妳在那場比較的內心小劇場裡來來回回著……卻忘記了最重要的一件事情：原來在這場競賽裡，根本沒有妳真正值得去爭取的獎盃。

　　他不是妳的幸福，在還沒有任何競爭者的時候，妳就給過他機會，給過那份感情許多可能，可是後來的那些爭執、兩個人彼此的互相傷害，妳感受到的結果是寂寞跟傷心，而不是幸福；他更不會是全世界對妳最好的人，因為感情裡真正的「好」，應該是從頭到尾的好，一開始短暫的好，只是感情裡的基本禮貌。

　　妳在感情的路上一直努力著的，並不是想要擊敗誰，而是得到一份真正的幸福。妳對「幸福」的定義，並不是短暫的勝利，而是找到一個願意跟妳長久一起努力前進的人。

　　妳相信人的善良，相信大多數談感情的人都不是騙子，如果無法兌現「承諾」也是一種詐騙，那大多數的罪犯應該都不是故意犯。所有對愛的承諾都是一張對未來預支的支票，而我們後來之所以無法在那本共同的愛情存摺裡存入足夠的額度，並不是因為我們不夠努力，而是因為我們「不適合」。因為不適合，所以才會在那麼用力後發現還是徒勞無功。因為不適合，才會在最後發現原來我們一直在消耗的只是剛開始的「喜歡」，

而沒有後來再繼續進展的愛。

　　愛跟「好」或「不好」無關，妳在這個人眼中的不好，也許會成為下一個人眼中的特別。愛跟「適不適合」有關，所以我們才需要跟那個人相處，讓時間驗證，這個人對妳除了喜歡，是不是也還有足夠的肩膀，去承擔幸福的重量。

　　這個世界的幸福，大多不是初戀；這個時間正在進行著的對「愛」的測試，最後大多數也會以分開收場。那就是「幸福」真正的珍貴：妳不是贏了誰就可以得到幸福，妳一定是得到了一顆跟妳一樣堅定的心，才會真的走上幸福的路。

　　妳不知道他們最後那段感情的結果會如何，妳不知道那些他無法為妳做到的事，最後會不會在那個女孩身上實現。但妳已經知道那絕對不是妳接下來人生的重點，妳不會再讓一個不能給妳幸福的人，再用任何形式擋在妳前面。關於那場感情，妳了無遺憾，更問心無愧，妳從來都沒有輸給誰，妳經歷過唯一的對手，就是「不適合」而已。

妳知道，他會永遠欠妳一個抱歉，
可是妳再也不會虧欠自己了。

在走過那段歲月後，
在替他想了那麼多諒解的理由之後，
妳覺得，他還是欠妳一個抱歉。

曾經當時覺得的「珍貴」，
珍貴的適合，珍貴的相遇，
跟那份傾盡一切的珍貴的心意。

現在回頭看，
那份感情裡最珍貴是那場離開。
是那場離開才讓我們看清楚真相，
才讓我們終於成為了更好的人。

妳知道，他會永遠欠妳一個抱歉，
可是妳再也不會虧欠自己了。

妳已經學會了，也已經長大，
不懂得珍惜妳的，再投緣也不算適合。
不能用心記掛妳的，再快樂也走不成幸福。

Best Wishes

vol.16

多年後，
「遺憾」會變成「感謝」

　　農曆假期，在大陸工作的美甄回來台北過年。她今天的時間排得很滿，早上陪媽媽去拜拜，下午去送禮，傍晚還要參加同學的聚會。這會兒，她來早了，距離同學的聚會還有一些時間，她在附近的公園坐下來，這曾經是她很熟悉的地方。曾經在這裡甜蜜，在這裡傷心，現在也已經可以隨興坐下來。

　　這條長凳，是她從前跟偉翰最常聊天的地方，因為凳子不長，所以他們總是坐得很近。她知道那應該是愛，不然偉翰也不會那麼常跟她一起出來。好像都是那樣，比較愛的人，總是著急著要確定那是「愛」，一旦得到確認了，我們便使盡全力，把所有可以給對方的「好」都給對方，然後最後才在對方的一句「對不起」裡詫異地懂了，原來「是」也可能在下一秒就變成「不是」，而妳當時在他眼中的「好」，也可以在後來都變成「不好」。

　　也是在這條長凳上，偉翰跟她提分手。他明明說了好幾次

「抱歉」，但是為什麼聽起來錯的人還是她？是她不應該要這麼多，是她不應該在每一次美好的相聚之後，還希望他在生活裡也能像她一樣記掛著彼此；是她不應該在每一次的快樂之後，還貪圖著要把這一刻走成一生。

「讓我們做『朋友』就好了！」偉翰在最後安靜地這麼說。

他們後來也沒有成為「朋友」。感情是只能前進而不能後退的，不能繼續前進的感情就是散了。他永遠不會懂的，朋友是要能夠互相「安慰陪伴」的，然而那不就是他一直對她最做不到的事情嗎?!

那是後來美甄在這條長凳上，總是一個人來了，又一個人走了的場景。離開的人，永遠都不會知道被丟下的人，後來得花多大的力氣，才能從害怕，又重新走回到這裡。離開的人，一步就跨入了新的時空，又何曾在乎被留下的人，後來又是漂泊了多久多遠，才在那一次次的「回過頭」裡，看清了、看懂了，終於用「遺憾」封印了那段感情。

巨大的魔獸，最終總是被降伏在一個小錦囊裡，終於那場悲傷也在妳的記憶裡被淡成一個小點了，沒有再提起的必要，沒有再被紀念的意義，妳以為它將永遠地過去了……然後就在一個安靜的下午，在一個曾經熟悉的場景裡，突然又做了一次的轉身，

終於看見了那份感情最美的角度。

讓喜歡就只是喜歡，不要再有後來傷心的勉強；讓快樂就只是快樂，不要再有後來踐踏自尊的強留；讓每一份不再有心的感情，在它該凋謝的時候凋謝；讓每一個不再同路的「情人」，成為記憶裡曾經陪妳一段的「朋友」。

「真開心，妳後來都走到這裡了。」美甄在長凳上對自己說。那條路，在多年後看起來，就好像是從這裡開始的，妳本來只想離開，卻完成了更美的到達；本來只求復原，生命卻永遠會讓勇敢的人，又長出更多的收穫。

那是美甄在多年後，終於有的感觸。那是每一個在當時的「回過頭」裡，刻意逞強過的人，後來更自在的體會。那是上天會給每一個努力向前的人，最後再一次「回過頭」的明白。

美甄今天的時間很滿，這是一場意外的聚會，她跟自己的、從前的跟現在的，這是她最愛的一場，風吹得她很舒服，她想起當時的那個春天，那個兩個人的畫面，她應該要走了，而這是她臨別的肺腑之言：

我曾經很喜歡你，我曾經很「遺憾」那個人不是你，但是多年後那變成我的「感謝」。謝謝你讓我知道，不被珍惜有多痛

苦。謝謝你沒有繼續浪費我的真心，所以後來我才能繼續往前，
遇見了真的幸福。

妳後來不是好了，
妳是更強大和懂了。

◇

妳知道自己不是愛的天才，
妳怎麼走進愛，最後就只能怎麼辛苦地退出來。

妳不想多做解釋，
每個人都有當時認為值得付出的理由，
所以我們才各自有了那些故事，
和那些只有自己懂的眼淚。

每個人的生命年輪裡，都有她當時的深刻，
還有她終其一生都記得的印記。

妳後來不是好了，
妳是更強大和懂了。

懂得人生最重要是「無愧於心」。
不是只有無愧於那段感情，
更重要的是無愧於自己。

懂得幸福最重要的就是「誠實」，
妳所看見他的不在乎，都是真的，
不能讓妳安心的人，絕對不可能讓妳幸福。

◇

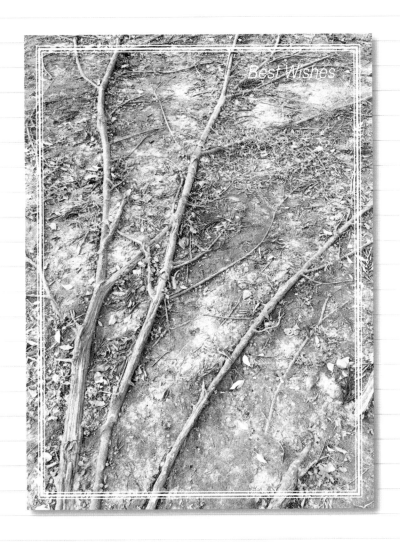

小獅

「挖塞，他營養好好啊！」我對著 line@ 的畫面敲入這樣的字。剛傳來的照片裡的那個嬰兒，兩隻小胖腿，直徑幾乎跟他的頭一樣大。

他說「小獅」是他三個月大的兒子，他剛跟太太離婚，是一個朋友介紹他看我的書。我在手機這頭，都可以感受到他委靡不振的磁場。

從此我便在心底給了他一個「小獅爸爸」的名字。

我幾乎會回覆每一位讀者朋友的來信，但我極少做線上的即時互動，因為那樣我會忙不過來，因為正在為情所困的人，很容易便會因為遇見了一個懂你的人，就緊緊抓著不放。

可是「小獅爸爸」不太一樣，這個做裝潢的男生的話很少，

我們比較多的對話，也只發生在第一次。可是我知道他的傷心，每當我在每日 line@ 固定群發的文章之後，在眾多讀者回覆的訊息裡，看見他回覆的表情符號，我就知道他還沒好。

那是一個還在外面遊蕩的遊魂，從這個工地，飄到那個工地，他說包包裡除了設計圖，還有我的書，真的很想哭的時候就到外面找個角落蹲下來，翻開書抽根菸，抽完了就再進去工地。

「最近還好嗎？」反而都是我偶爾會在線上敲敲他，我想鼓勵的，不只是一個失去婚姻的男人，其實我更想鼓勵的，是一個叫做「小獅爸爸」的父親。

「嗯，我會加油！」一樣的話不多，經常緊接著就會傳一張照片給我，有時候是他正在裝潢的工地，那是他很得意的作品；有時候是一張小獅的照片，照片裡的小獅頭好壯壯，那應該是他人生最驕傲的作品。

我覺得他之所以好得很慢，是因為他抒發情緒的管道太少。也可能，是因為他沒那麼想好，沒想那麼快就從那個「家」的夢境裡醒來。

他說老婆第一次提出離婚是在結婚的兩個月後，她突然對他的嫌棄那麼多，從個性、習慣甚至他吃飯的姿勢。他錯愕著，

他知道她本來就孩子氣，但這些習慣他婚前就有，他一直都是他，他沒有變！可是她在婚後竟然突然變成了另外一個樣子。

他求她，他本來就習慣寵她，任何問題他都可以改，只要她願意留下來。最後她留下來了，只是他也知道原來她真正想走的理由是因為「外遇」——這是「法律」上的說法。若以「時間」上來說，她認識那個男人的時間應該比認識他更早，她很早就是那個已婦之夫的「外遇」。這一直都是她雙線並行的愛，他應該是她疲憊後停泊的港灣，也許那個男人才是她的真愛，要不然她也不會在聽那個男人說要離婚娶她的時候，就馬上也要毀掉自己的婚姻去奉陪。

他不知道她後來為什麼會留下來？這部分他不想知道太多，可是他知道自己為什麼會求她留下來，因為那就是一個「家」。為了這個「家」，他在婚前貸款重新裝潢了老家的房子，他還買了車子，接下來他們還會有孩子——那是從小單親跟著媽媽長大的他，多想要有的一個完整的「家」的樣子。而他一定會成為那個成功的父親，於是他努力成為那個更開闊的港灣，只要她願意返航，他們就可以繼續往前走。

小獅就是在那個時候出現的，他覺得老婆的懷孕，就是他們的愛的一個新的里程碑，他們就要有一個新的開始了……沒想到就在小獅誕生的三個月後，老婆再度跟他提出離婚的要求。這

次，是跟另外一個男人，是她當時為了離開那個男人於是新換的公司裡的，另一個男同事。

他後來的那場綿長的傷心的面向很多：他有時候會把她想成一個水性楊花的女人，因為那樣最容易忘記她；可是有時候他也會想那是因為她還沒有準備好，她的個性其實還是一個孩子，也許她還需要一些時間才能習慣婚姻跟成為一個母親；可是更多時候他是懷疑自己做得不夠好，他是一個失敗的男人，所以才撐不起這個「家」──然而不管他是進入了哪個面向，還是又在那些面向裡來回遊走了幾次，他最終的結論都一樣，他發現自己還在等她回來。他替她想過各種回來的理由：因為那個男人對她不好、因為想他、因為想念這個家，他覺得最起碼為了小獅，她都應該要回來。

然而事實經常就是這樣，那個當時決定離開的人，都已經鐵了心；而真正會回來的人，從來都不需要理由。

本來有兩份收入的家庭，現在變成小獅爸爸一個人要獨扛貸款，所以他必須要更努力工作。白天去工地的時候他就把小獅交給保母帶，晚上父子倆在那個安靜的家，他經常抱著小獅一起看著魚缸裡的魚，他不知道小獅知不知道媽媽再也不會回來他的身邊？他想小獅應該不知道，不然他不會一直這麼乖。他在魚缸的反射裡看著小獅的眼光跟著魚一起雀躍地移動著，

突然他看見小獅笑了，他以為小獅是因為看見魚，後來他發現小獅的眼神是正在看著他，是正在看著爸爸。他突然覺得小獅知道，所以他才會一直那麼乖，他感覺到了，那是小獅的體貼，那是他正在對著爸爸說你要勇敢和加油。

　　我偶爾想起這對父子，然後偶爾收到小獅爸爸又傳給我的照片，我們從來沒有見過面，然後我開始忙我的第四本書，到終於出版，開始宣傳。

　　「哇！這些都是你買的啊！」我在簽名桌上抬頭，發現這個拿了十本書來要我簽名的竟然是一個男生。

　　「我是小獅爸爸。」他說。

　　「你從台北專程跑來桃園？怎麼不參加下個月的台北場就好了？」我問，又驚訝又感謝。

　　「就想說桃園是第一場，而且人應該會比較少，一定要來給你支持一下。」他說。

　　那天來的人意外的多，我們沒機會多聊。我甚至連話到嘴邊的「小獅好嗎？」都來不及問，下一位讀者朋友就站到我的面前。

　　我還記得那天我在日本旅行，我打開 line@ 看裡面的讀者訊息，然後我看到小獅爸爸的訊息，我點開，心想那應該會是一張新的小獅的照片。

「小獅因為保母疏失，嘴、鼻被被子蓋住缺氧超過三十分鐘以上，目前正在醫院急救中……」我看著那行字，錯愕得愣了幾秒，又想了幾分鐘，最後還是決定讓著急打敗理智，在這個他可能心力交瘁的時刻，還要回我的訊息。

「現在狀況如何？」我還是把訊號送出去了。

「轉到加護病房。」一樣話不多，然後傳了一張照片傳過來，天知道我要多大的勇氣才能將它點開。照片裡的小獅，嘴鼻塞滿管子，可是臉部的表情看起來好平靜，就好像正在安靜的睡覺。

那是接下來，我總是需要鼓起勇氣才能夠發出問候的三個月。那是一個讓人傷心的農曆年，我在他的回覆裡陸續看見了用小獅的照片做的紅包袋，還有那一個個小獅各種表情的 line 圖案表情……我知道真實世界的小獅一直沒有真的醒來。醫生說他的腦細胞已經幾乎完全受損，我知道那個名詞叫做「植物人」，只是我從來沒想過這個名詞竟然也可能是「植物嬰兒」。

小獅一直很乖，即便後來接受插管的兩個多月裡，他的生命狀況都很穩定。他沒有像許多重症的孩子們那樣著急著走，他很乖地吃苦，吃著絕大多數的大人都沒吃過的苦。我不知道他在堅持著什麼，在這個他甚至都還沒有真的開始的世界，他還有什麼掛念，還有什麼應完成而未完成？

還是因為那是小獅爸爸一直不肯讓他走，那三個月，有許多人勸過他，從專業醫學角度的、從務實面的，他們說到後來的結論都一樣：「讓他走吧！」每次聽到這個結論小獅爸爸就會生氣，他不是生氣而已，他還會哭！沒有人懂得他的心情，他也不懂該怎麼說，他就是心很痛，他真的好捨不得……

　　也就是那足夠長的三個月，讓加護病房照顧小獅的那個護士，看見了一個這樣的父親，看見了他的自責內疚，看見了他無從掩飾的內心，她覺得他應該值得更好的對待；也就是那足夠長的三個月，讓這個父親看見了這個護士的柔軟和善良。她默默地看著他每天對孩子說話，看過他最真實也最慘的樣子；他默默地看著她用了小獅從前的照片，為小獅設計了農曆年的紅包袋，還有 line 的那些可愛的表情，直到有一天他竟然有個念頭突然閃過：如果她就是小獅的媽媽那該有多好……

　　我想也許那就是小獅最後最想要的完成。

　　小獅拔掉呼吸器的那個下午是個晴天，他直到離開，兩隻腿都還是圓滾滾的。他看起來很安靜，他的這一生很短，甚至還來不及學會叫爸爸；他的這一生也很長，他會活在這裡，活在很多人的心底。

　　在小獅走後的半年，我終於約了小獅爸爸見面，我們終於

有機會可以坐下來好好說話，喔！不只他，還有那個因為小獅，
而一路陪伴他走過的那個女孩。

「常去看小獅嗎？」我突然在最後問。

「嗯！想到就會去。」他說。

「都跟他說什麼？」我問。

「都說什麼啊？其實，我還沒辦法跟他說什麼耶，就是看到
他的塔位，就會一直掉眼淚啊！」然後他就開始擦眼淚，另一
隻手，被突然靠近的手緊緊握著。

不知為何，我突然就想起他剛剛跟我說和小獅一起看魚的畫
面，魚缸裡正反射著小獅的笑臉……我想我也許知道小獅想說什
麼，我知道他想對爸爸說：「爸爸你要勇敢跟加油！」

勇敢

　　我剛結束一場演講，這是我的一位讀者邀請我去她參與的社團做的演說，我早有心理準備，這不是一場「同溫層」的聚會，來聽我講話的人應該大多數都不是我的讀者，所以在結束後突然收到這位聽眾遞給我的卡片，讓我有些意外。

　　我在回台北的高鐵上打開這張卡片，看見她娟秀的字跡：「角子你好，我是在一年多前遇見你的書。那時我剛結束了一段八年的感情，我沒有勇氣離開他，因為我很愛他，而且我無法想像，八年後的我要怎麼重新回到一個人……」

　　剛開始，我們都是因為「很愛」，所以才離不開那個人。可是到後來我們都已經那麼傷心，為什麼卻還是走不開？也許是因為比較起來，要重新一個人生活會更困難。妳在那些重新開始的日子裡，最需要的是「勇敢」，不是單一的勇敢，而是一而再、再而三的勇敢，因為經常也只要一個脆弱，就會讓妳兵敗如山倒。

那就是每個曾經努力走出來的人，都有過的某個脆弱的時刻。妳也許靜默地淚如雨下，也許傷心得泣不成聲，那些眼淚是宣洩、是沖刷，可是它們後來也會留下最珍貴的沉澱。我們經常就是在那一次次突然失控的脆弱裡，漸漸地分辨出，其實傷心還是有「程度」之分的，其實妳還是比當時那個剛出發的自己，又更好一些了。妳一定會越來越好的！妳會從一開始的慌亂，到後來也開始可以在每一次的傷心裡，又看清楚了許多的事情。

　　妳終會體會，「一個人」的寂寞很珍貴，因為只有在那樣的安靜無聲裡，我們才能聽見自己內心的聲音，才能最誠實地面對自己。怨也好、恨也罷，一個人的遺憾、一個人的事與願違，妳都勇敢面對。妳知道那就是每個人的選擇，每個人的功課，最後也終將成為每個人走去幸福的，不一樣的過程。

　　妳一定可以勇敢的，如果妳曾經有勇氣留在那場悲傷裡，那妳也一定有勇氣去離開。不必執著一定要想通什麼，我們經常不是因為想通什麼才終於離開，我們往往是先努力做到離開，才在路上漸漸想通的。

　　每個幸福，都是一場壯行，而妳一定會完成這場壯行的，只要走過這一段，妳就會更「相信」自己。「相信」自己真的可以做到寧缺勿濫；「相信」自己即便孤獨，也可以好好照顧自己。

「謝謝你的文字的陪伴，我開始努力展開新生活，我最大的做到，就是真的完成了去北極看極光的夢想……這張明信片我留了一年多，就是希望有一天可以親手送給你，這就是我看見的極光，謝謝你，我現在很好，而且一定會越來越好！」

我翻過那張明信片，看見那道迤邐在天空中的光芒，我看見了！那是「一個人」的旅程，一個人，妳才會真的勇敢，一個人，妳才會真的長大。

妳在那趟旅程裡學會的勇敢，從此以後，妳都會永遠帶在身邊。

妳最大的「勇敢」，就是妳永遠可以再重新回到一個人。即便遺憾，也絕對不再被同樣的人事物傷害。

妳曾經怨過他的狠心，
可是，現在妳更謝謝他的無情。

妳曾經怨過他的狠心，
可是，現在妳更謝謝他的無情。

好在他連騙都不想騙妳，
後來，妳才能盡全力去離開，
才能專心地體會和學會。

妳寧可在絕望後好好大哭幾場，
也不要被同一個失望重複傷心。

不曾被用心的感情，妳也不必用心去等待。
幾步路就該走完的感情，
不值得妳用青春去證明。

他不是妳的終點，
而是起點。
妳會從這裡出發，
妳知道只有往前走，妳才會幸福。

Best Wishes

祝妳幸福

「祝妳幸福」這不是妳第一次收到這樣的祝福，只是經過這些年，再聽見這樣的新年祝福，妳的感受是什麼？

　　每一個人，都曾經有過一個靠近過「幸福」的故事，他們有的抓住了，有的卻失之交臂，我希望妳是前者，但很可惜我們大多數屬於後者。我們傷心，但我們也努力堅強。我們挫折，我們最大的挫折是不明白，當我們看著身邊那些其實不會比我們好的人，都陸續幸福了，自己的感情卻經常是出發了，最後又一個人退回來……「也許，是因為自己的感情運不好吧！」我們開始這樣告訴自己，因為只有這樣，才能讓我們把那一切的不合理，變成合理。

　　那是妳後來不再相信「幸福」的一段時光，妳不再主動靠近幸福，妳覺得幸福或許與妳無關，但大多數的我們，好像也只是口是心非，妳還是希望幸福會突然喊出 Surprise！然後出來

給妳驚喜。只可惜幸福從來都不會「負負得正」，當妳越不相信自己會幸福，幸福好像就會越故意忘記妳。

　　這世界最「難」的幸福，就是妳不相信自己可以幸福。如果連我們都不相信自己可以，不相信自己值得更好的對待，那「幸福」又怎麼會放心把自己交給我們?! 而我們又是走到何時才突然懂了，當時那個我們曾經自以為很靠近的「幸福」，其實並不是真的「幸福」。

　　既然如此，那就讓我們更正當時自以為的「學會」：並不是我們不夠資格擁有幸福，而是讓我們再也不要浪費時間去靠近那樣的「偽幸福」。

　　妳再也不會相信那些只在「語言」上讓妳溫暖，卻在「行為」上讓妳寂寞的人。妳再也不會跟隨，那個跟妳勾勒許多「未來」，卻連「現在」都無法給妳的人。妳再也不會緬懷，那個明明可以留下來，卻還是直直地離開那的人。

　　妳現在要的幸福，並不是一則沉溺的回憶，更不是一個虛幻的預言，而是最真切的「現在」，不能讓妳扎扎實實地感受到的，不能牢牢地牽住妳的手的，都不是真的「幸福」。

　　妳知道有的人的幸福只需要幾步，就可以到達，相形之下妳

的幸福比較遠，從前妳難免感嘆，可是現在妳已經明白，那就是每一個渴望「更高端幸福」的人，都必須走過的路。因為妳要的幸福不只是陪伴，還有瞭解；不只是喜歡，還有欣賞；不只是熱戀，還有更深的珍惜……那就是每一個真切走過愛的人，在愛裡跌倒了、受傷了、流過淚後，終於最美好的學會；那就是每一個曾經在愛裡幻滅了、失望了，最後卻依然堅持勇敢的人，一定可以給妳的肩膀跟擔當。

幾步路就走到的幸福，不一定不好，可是歷經艱苦才終於找到彼此的幸福，一定更耐人生風雨。

如果說新曆年屬於朋友跟派對，那舊曆年便屬於家人和團圓——喧譁而溫暖，平靜而偶爾寂寞，我們在這樣的氛圍裡，很容易會想起自己的過去、現在和接下來，奔波了一整年，那就是我們自己和自己「團圓」的時刻。

經過這些年，妳更懂了，這世界若有人可以給妳無微不至的愛，那就是「自己」。妳感謝她，妳會善待她，也讓她幸福；在走過那些路之後，妳更確定了，這個世界從來都沒有「擦肩而過」的幸福，幸福也從來都不會「只差一步」，真心想讓妳幸福的人，一定會為妳等在那裡。

「祝妳幸福」，妳知道妳一定會。

「祝妳幸福」，這是我最衷心獻上的新年祝福。

妳一定要先相信自己的特別，
才會值得一份被特別珍惜的愛。

妳會找到自己的優點，
而且盡全力去把它發展到最好。
妳喜歡自己的優點，
而且相信有一天一定會被一個很棒的人看見。

妳不會因為別人的不喜歡而懷疑自己。
妳知道每個人都有他想走的路，
不想跟妳一起走的人，
妳也不會讓他阻擋妳該去的方向。

妳知道自己並不完美。
可是妳更清楚那個會珍惜妳的人，並不是因為
妳沒有缺點，而是因為很喜歡妳的優點。

妳知道自己的厲害。
妳知道被妳愛上的人會很幸福。

妳一定要先覺得自己很好，
才會遇見另一個也很好的人。

妳一定要先相信自己的特別，
才會值得一份被特別珍惜的愛。

Best Wishes

vol.19

成全

「角子，我知道這段感情已經走到最後了，但是只要想到對方沒有我以後，會遇到其他女生，過著讓我很羨慕的日子，我的心就很痛。我覺得這個想法真的無聊到爆炸，但是會不會有人也跟我一樣，因為不甘心，所以讓走出來變得好難……」我打開臉書，看見這封讀者的來信。

「會吧！」我先在心底回答了。這世界能夠做到分手乾脆的情人只有兩種：一種是根本不曾真的相愛；另一種是心早就已經分開。那兩種都不是妳，所以妳後來的路才會那麼難挨。

妳懂「分手」的意思，妳無法理解的是「人心」。你們還在同一個時空，那些見證過這份感情的萬事萬物都還在它本來的位置，他卻一轉身就展開了生命新的篇章；不像妳，妳那麼努力走著的「現在」，卻其實大多數是「從前」。妳狠心過，跟自己說從此要跟他一筆勾銷、各自天涯，卻在虛張聲勢的絕情

後發現，自己竟然怔怔地還在那些回憶裡。原來，那只是他的天涯，而妳一直還在原地。

妳承認，妳曾經暗自揣想過他回來找妳的畫面，它們有的合情合理，但即便如此，即便他有千百次的機會可以回頭，可是他都沒有。即便所有的人告訴妳應該往前走了，妳還是迂迴地又回到了他的面前，那是當你們又站在同一個時空，而妳終於明白那已經不是愛的領地，因為妳在那裡，不是只有發現愛不見了，妳還聽見了，一份愛的「曾經」，碎落一地的聲音。

那是妳後來真的開始「一個人」走的日子，那些日子剛開始很難，妳應該要替自己想比較多，但妳卻其實更常想起他，大多數時候妳在那樣的想念裡會覺得自己很渺小，但有時候妳也會覺得自己很偉大，因為妳發現自己竟然在想著要原諒他，妳覺得妳也許應該「成全」他的決定，因為那也是他的人生，而每個人都有權利去選擇一條自己更想走的路。

後來，當很多新的事情開始陸續發生，當那些解釋和理由，也都已經不再重要的時候，那就是我們後來的終於看清楚：其實離開的人，從來都不真的需要我們的成全。而我們所能給想走的人最大的成全，就是不要再出現在他們的面前。

這條路不算短，妳不是感情的資優生，妳是很努力才走到這

裡。這一路，妳遇見了一些人，又經歷了許多事，妳已經開始懂得，感情裡並不是所有的沒有結果，都應該被毀棄，也有一些美好，可以被放在記憶裡。

而那些我們曾經很難放下的，就帶著先往前走吧！走著、走著，直到有一天就突然那麼真心地明白了，原來真正的「放下」並不是丟掉，而是終於也可以把那份「曾經」，好好地放在記憶裡了。

妳偶爾還是會想起他，跟孤單無關，他已經沒有那樣的影響力。那是當妳後來真的遇到了一個有能力給妳幸福的人，妳在每一次感受到的感動裡，都又更清楚了，原來單方的珍惜，叫做「寂寞」；只有雙方的珍惜，才叫做「幸福」。

於是，妳謝謝自己當時慷慨的「成全」，謝謝那些成全後的堅持和繼續向前。

妳一直以為是「成全」了他，其實妳成全的，是後來更好的自己。

「謝謝妳後來還是努力往前走。」
所以妳才能越走越好,終於遇見了真的幸福。

那是多年後,妳和他幸福地走在路上。
妳突然想起多年前的那個「他」,
沒有人知道,連妳自己都覺得很奇妙。

妳後來的幸福,
真的可以跟「他」一點關係都沒有。
妳突然這麼想。

原來,
再真摯的傷心,也終將成為幸福的過程。
再深刻的想念,也終會成為記憶的一部分。

這些年,妳終於學會不再將就,
不再用別人的情緒來評價自己。

只有狀態好的自己,才有可能看見狀態好的人。
只有狀態好的自己,才能留住狀態好的幸福。

「謝謝你找到我。」妳想對身邊的這個人說。

「謝謝妳後來還是努力往前走。」
突然妳更想對自己這麼說。
所以妳才能越走越好,終於遇見了真的幸福。

Best Wishes

在走到幸福之前，
誰不是「一個人」?!

　　妳從前「一個人」也可以很快樂，妳一個人走過許多地方，發生過許多故事，那是妳很迷人的樣子。

　　直到妳遇見他，直到我們後來遇見了一個喜歡的人，我們開始從「一個人」變成了「兩個人」。兩個人很快樂，兩個人真的很神奇，當我們嘗過「兩個人」的好，我們就漸漸失去了「一個人」快樂的能力。

　　妳希望他就是那個對的人，因為妳真的很喜歡他，因為我們希望在幸福的路上可以不要吃太多苦。我們期望幸福就是一條直線的相遇，然後再一起牽手順利地到達。妳不懂，也就是這麼單純的心意，為什麼他會不懂？為什麼這個世界上大多數邀請別人一起走進「兩個人」的世界裡的人，會連最基本的「誠懇」，都沒有準備呢？

即便我們都看見問題了，可是我們還是沒有離開。因為妳捨不得，妳覺得一份感情「得來不易」，只是後來妳也懂了，要兩個人都覺得「得來不易」，這句話才會真的成立。幸福從來都不是「技術」的問題，不是光靠努力就可以；幸福是「心態」的問題，是兩個人都把彼此放進心底，才能走成幸福。

那是妳後來又重新回到「一個人」的日子，那個驟然離席的人，很快地又有了他的新生活；而妳又是花了多大的功夫，才把他留在妳前方的路障真的清空?! 又是花了多長的時間才真的看懂了：他不是變了，他是本來就是這樣！

他是從一開始就沒打算為這份愛努力什麼，因為他要的只是「快樂」，而妳想要經營的卻是「幸福」。

那就是每一個傷心人回首來時路的終於明白：妳寧可一個人慢慢走，也不要只能心慌地追隨著誰的步伐。妳寧可一個人微笑，也不要為一個不珍惜的人浪費眼淚。妳寧可一個人勇敢地生活，也不要卑微地活在一個不在乎妳的人的情緒裡。

尋找「幸福」的旅程，我們一直以為它是直線的，卻在真正踏上後，才知道它是蜿蜒的，那就是「愛心」的形狀。我們從起點出發，看過那些風景，學會那些道理，最後又回到起點，我們不是白忙一場，我們學會最重要的事情，就是在追尋幸福

之前一定要先學會「愛自己」。

　　走到「幸福」的路程，妳一直急著要先找到那個人，才可以盡快開始往前走。現在妳已經懂了，其實真正的幸福，是兩個各自從不同方向出發的「一個人」，他們各自受傷、各自在那條路上有了最珍貴的體會，更懂得珍惜、更懂得真心不易，最後他們相遇，一起完成了那個「愛心」的形狀。

　　妳在那些「一個人」的日子裡，會一樣安心而篤定，妳知道那些「一個人」走的每一步都不會是白費，都會讓妳更明亮而精采。妳不會停留，也不再猶豫，「一個人」一直是幸福必經的歷程，在走到幸福之前，誰不是「一個人」？!

會離開的，
都不是真的緣分。

妳一直很珍惜這場「緣分」。
只有兩個人都珍惜的相遇，
才叫做「緣分」，
否則就只能算是「交會」。

大多數應該更短暫的「交會」，
都是被我們用「緣分」的理由延長。
而我們大多數因為「緣分」而流的眼淚，
在緣分另一頭的那個人，
其實都並沒有那麼捨不得。

一時半刻的美好，其實並不困難。
真正的幸福，要一起走得夠遠才能看見。

不被珍惜的，都不是傳奇。
會離開的，都不是真的緣分。

別為那些短暫的「交會」虛耗妳的眼淚。
那個珍惜跟妳的「緣分」的人，
才是妳真正的人生。

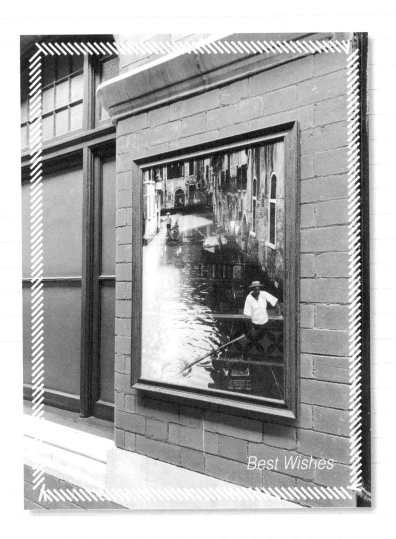

Best Wishes

懷念

　　妳的心底有沒有那樣的一個人？不管後來妳又走了多遠，又過了多久，卻始終還是在妳心底的「那個人」。

　　就像她始終還是把「他」放在心底那樣。

　　「角子你好，看到你在蒐集故事的公告時，剛好是我生日過後沒幾天，正是我感觸最深的時候。這些都是我陸續打在手機記事本裡的話，可能是給自己的，也可能是給『他』的，我想當我哪天看著過往的紀錄卻覺得輕鬆時，可能就是我已經放下了……」這是她寫給我的信，她的文筆很好，應該是很典型的文青女生。

　　「hi，角子，我是XX。」她在中壢車站的人群裡突然冒出來跟我打招呼。我完全沒想到她會是一個孕婦，一個已經結婚，然後懷孕，可是心底還放著一個人的女生。

「他對我很好，只要是我開口說過的，他都會默默記得。他是職業軍人，我們只有在他休假的時間才能見面。他幾乎把所有休假的時間都給我，但我經常還是要上班，所以有很多我曾經提過的心願，譬如中秋節想烤肉、情人節想放煙火，其實是很難在同一個時間，兩個人都剛好可以休假的。可是他會變通，把那些困難變成讓我驚訝的小驚喜。也許『烤肉』就是在我的宿舍小陽台外面，擺設一個簡單的小烤肉架，為我烤一份日式燒肉；『放煙火』就是來載我下班的路上，突然轉到山坡上的公園，然後拿出準備好的沖天炮，讓我圓夢。他知道我不在乎規格，而是他的心意，他就是一個願意努力讓我快樂的人。」她在來信中繼續說。

　　「懷孕幾個月了？」在一起走去咖啡廳的路上，我邊走邊問她。感覺她走路會喘，於是我刻意放慢了速度。
　　「七個月。」她說。
　　「是在『他』之後認識的男生？」我問，覺得自己問的是廢話。
　　「嗯，在他之後一年認識的，然後懷孕，就結婚了。」她說。
　　「先生對妳好不好？」我問。

　　「我一直很喜歡自己租的小宿舍，我最喜歡的是它的頂樓……」她在信裡繼續說著，「之前一個人的時候，我最喜歡在晚上跑到頂樓，從十二樓的小空中花園俯瞰是國道一號接南崁交流道的點點燈火；仰望就是一整片燦爛星空，那是我簡單的

生活裡最美的風景。後來當我認識了他，和他分享了我看夜景
的秘密花園，之後我在那裡能欣賞的就不再只有月亮、星星和
燈火了，多了他將我擁在懷中令人安心的依靠，還有他的吻。」

「先生對我還不錯，只是他比較粗枝大葉。嗯，也可能是因
為孕婦容易躁鬱吧！所以最近比較會吵架。」她笑著說。

「後來因為工作的關係必須搬離那個地方，在把房子退租以
前，他答應我會再陪我上一次頂樓，再看一次夜景。搬家那天我
們忙得不可開交，說好了最後再上頂樓一次。在來回好幾趟把
行李搬到車上後，累壞的我們在發動車子時才發現忘了上樓看
夜景，忘了跟這裡告別。他說以後還有機會，還會帶我去別的
地方看夜景，所以帶著遺憾的我妥協了，不想讓對方那麼辛苦，
只是看看夜景而已，沒什麼的。」

「是真愛嗎？」我問，才剛見面，卻感覺跟她很像是朋友了。

「一切都發生得很快，認識、交往、懷孕、結婚，好像其實
都還來不及確認，包括現在，都還在努力地為了『媽媽』的這
個身分做準備。但人生，又有什麼身分是可以真的提早準備好
的呢？好像都是要等到真正面對了，才會知道吧！」她說。

「比如說『分手』。」我笑著說。

「後來，果真如他所說，他真的帶我去許多地方看夜景，在每一個星空下，我們靠在彼此身邊，像是抽離不掉的存在。我們跟大部分的情侶一樣有開心、有爭執，有和好的雨過天青，有再也沒有什麼能把我們分開的美麗錯覺。」

「可是最後我還是把他弄丟了。」我承認我在信中讀到這一句的時候，突然怵目驚心。

「最後一次見面那天，就像平常那樣，他在休假時開車來接我下班，我們聊到昨晚我在他家客廳用手機跟同事抱怨工作，在大家都在看電視的時候，我應該到外面去說，這樣會干擾到他的家人；而且每個人的工作都會有不順心的地方，不必如此高談闊論——我們就為了這樣芝麻綠豆大的事情吵起來，就像每個情侶的小爭執一般。下車前我還把吃不完的小點心留給他，請他幫忙吃完，如同一個再平凡不過的星期五，帶著點小悶氣地回了家，盤算著明天他應該會來公司跟我賠不是，就像我們每一次的爭執後和好那樣。但，他從此再也沒有出現過了。」

「你們交往多久？」我問。
「三年。」她說。
「我覺得分開經常都不會只是因為某個單一的理由。」我說。
「我把自己困在回憶的深淵裡不斷地回想從前忽略的細節，對方一次次的容忍體諒，還有那輕描淡寫的求救呼喊，我都沒

聽見。把一切都視為理所當然的我，似乎從來沒有真正考慮過他的感受。我突然發現，自己好像從來都沒找過他，不論是逛街還是散步，在茫茫人海中他總是能夠找到我，但從他不找我的那天開始，我就再也找不到他了。」她在信中繼續寫著。

「他都沒正式跟妳提分手嗎？」我說。

「後來，他有發簡訊說想分手，我尊重他，也試著讓他沉澱了一陣子，後來再聯繫時，我發現也許他真的在這段感情裡身心俱疲，我從來都不知道自己從前的每一次任性，都是正在對他的消磨。」她說。

「妳後來都沒有再見過他？」我問。

「沒有，連當時我放在他家的東西，他都是打包好請我去社區的警衛室拿的。我臉皮薄，他不想再見我，我也沒吵著要再見面。我想過他為什麼不能再見我的理由，我覺得可能是因為他沒有辦法，他只要再見我就很可能會原諒我，因為他不想再給我任何機會，所以就連最後一面都省略了。」她苦笑著說。

「分手後，我們很有默契地刪除了彼此的臉書好友，只留下 line，在重要的事情上聯繫，但對於已經分開的戀人們來說，也根本沒有所謂重要的事情了。後來跟他一起養了兩年多的長尾龜，因為水族箱被我媽不小心誤加了洗過菜的蘇打水，小烏龜死了。當我發現牠死掉時，哭了整個下午，我難過的不只是一個消逝的生命，而是與他之間那個唯一的小小連結也斷掉了。

當時我總是開玩笑地說這隻小烏龜要養很久很久，要當傳家之寶，傳給孩子、孫子……我當時是真的以為會跟他在一起很久。在隔天我發訊息告知他這件事，他『已讀』了，也許是因為他不知道該說些什麼，但他的『已讀』我覺得也夠了，就像是讓我知道他也知道這件事了。」她在信中說。

這是我在這本書裡約見面的最後一位讀者，這是這本書的最後一個故事，我其實沒有特別想說什麼，我只想說一個也許在許多人心中都有的那個關於「懷念」的故事。

那是妳一直懷念著的一個人，不管後來又走了多遠，又發生了什麼，也許在多年後妳想起他的頻率會降低，卻不曾真的從妳的生命裡消失。那是妳在許久的後來才終於懂得的「懷念」，跟當時的「想念」截然不同。當你們的人生已經完全無關，當彼此的悲喜也已經相隔萬水千山，妳卻還依然記得他，依然將他放在心中，如此自然而然，在時光的旅程裡，沒有一絲勉強。

妳這才明白原來那就是時間會淬鍊給我們的禮物，每一個在多年後依然真心的「懷念」，都是一顆歲月的寶石、一個真愛的定格，更是一份千真萬確的「證明」。

那就是後來時間終於幫妳驗證的：妳沒有遺忘，並不是因為後來我們多麼努力地去記得，而是因為它的深刻與無法取代。

那是當時只有一次的妳，跟當時只有一次的他，在你們只有一次的青春裡，曾經被如此純真地對待。那就是你們對愛的純潔，所以，後來的妳才會奮不顧身；所以後來的他，才會力有未逮。

妳承認，多年來當妳偶爾想起他，妳也會好奇，現在的他過得好不好？也許，妳還真的在臉書的「搜尋」裡輸入過他的名字……不管妳後來有沒有得到答案，也都不再重要。

重要的是，後來的妳很好。也許是遇見了更好的人，也許是遇見了更好的自己，起碼，妳都已經學會，可以一個人好好走了。

在世界的各個角落，在那些妳偶爾想起他的時空，有沒有，妳也曾經在心底跟他說過什麼？有沒有，在那些突然發生的自問自答裡，也曾經出現過這樣的對白：「是不是，你也偶爾會想起我呢？」

如果「是」，可不可以只記得我的好，可不可以用最雋永的角度，保存這場「懷念」，那我便可以答應自己，跟你終身不再相見。

妳懂，妳真的明白，這世界每一場分開，都有它的理由。那些妳深深懷念的，就算當時留下來，現在應該也不會繼續存在。甚至，連懷念的餘地，都無法保留。

所以，妳也會努力讓這場懷念，成為生命最美好的紀念，而不是阻礙。妳不會因為他，而懷疑自己無法再幸福；妳更不會拿那場短促的幸福，來跟後面的幸福比較，因為那對於後來留在妳身邊的人，真的很不公平。

　　我永遠不會忘記自己在多年後，又重新回到大學校園的那個傍晚。我混在一群學弟妹裡，他們都是當年的我。我慢慢地走上三樓，走到那個我從前每次從教室衝出來，都會經過的角落。我站在那裡，那是我當時每次從樓上俯瞰你的視角，在落日的餘暉下，我彷彿看見自己正在跟你揮手，我看見你笑著在那裡等我，我是真心想微笑但我還是落下淚來……

　　「角子，其實，我沒有一天不想他。我還是會在每一個將要入睡的夜晚在心中跟他說晚安，就像我們熟悉的那樣。我還是會在每一個昏昏沉沉的早晨期待他的早安，就像我們相愛時那樣。我就像是遺失了在我身邊形影不離的布娃娃，它的身上都是我熟悉的味道，每個晚上陪我入眠。這塊污漬是我以前邊吃飯邊跟它玩留下的、這裡脫線是因為我不小心拉扯到它，這裡、那裡……」

　　這封信很長，長到後來我們又在咖啡廳聊了一個下午。

　　這個故事很長，如果它剛剛也喚醒了妳心中的那個故事，那

個妳一直邊走邊放在心上的故事……

她還在努力地走。

我走到了，我終於把那個故事走成了永遠的「懷念」了。

那妳呢？

vol.21

幸福的約定

　　那一刻，可能是在一部愛情電影或一本書裡，妳被一個畫面深深感動了，妳不知道那種感覺叫做什麼，妳暗自希望自己以後也可以那樣……

　　那就是我們跟「幸福」的初次約定。

　　後來，妳遇見了一個人，妳很喜歡他，當他跟妳說「我愛妳」，妳把它放進心底，那是他跟妳關於「幸福」的約定。

　　妳一直信守約定，努力為約定付出，妳認為約定是一顆種子，付出就是灌溉，於是愛才會慢慢長大。妳不知道他對這份愛的看法是不是曾經與妳相同？又或者，是從何時開始跟妳不一樣？因為後來，他開始覺得這份約定是一種束縛，是故意為難，是妳的不夠體諒。

妳經常在你們的爭吵後，懷念起那個曾經說過「我愛妳」的男孩，妳想找回那個男孩，妳想找回你們有過的美好時光。所以就算再傷心，妳也從來沒有真的從那份愛走開，妳總是出去了一下下，最後又自己默默地回來。

　　妳是一個努力的女孩，願意為自己的執著付出，也為自己的約定而努力，那很合理，那就是每個想要幸福的人，都必須付出的代價。只是後來，妳也真的很難再繼續說服自己，為什麼妳一直全心全意的幸福，最後裡面只剩下眼淚和孤寂？為什麼那個只是簡單地想留住幸福的女孩，最後的人生會變得那麼複雜？

　　多年前的那一刻，妳當時說不出來的感覺，妳現在懂了！那就是妳想要的幸福。妳要的幸福，是「互相」，是兩個人一路上的相互扶持，而不是一個人的概括承受；是「盡力」，是兩個人一起盡力去讓這份愛更好，而不是妳一個人的苦苦追隨。

　　然後，妳也才接著看清楚了，那個真的誠摯地跟妳許下約定的，一直是「幸福」，而不是他。是「幸福」一直在用快樂和眼淚提醒著妳，什麼才是真正的幸福。是「幸福」一直在用那些過程教會我們，「我愛你」只是感情裡一句淺顯的對白，而非允諾，那個真的用行動疼惜妳的人，才是妳真正的幸福。

　　跟妳約好的是「幸福」，而不是他，所以幸福絕對不是非要

他才可以。不要把妳對愛的體會，浪費在一個不懂得珍惜的人身上，妳在這裡體會得越多，就只會讓妳越來越忘記，妳真正想要的幸福；妳在這裡拖延得越久，就是越拖延了，另一個正在努力尋找妳的人，即將在前方跟妳的相遇。

妳可以晚一點幸福，可是妳不要在一個錯的感覺裡假裝幸福。關於幸福，妳可以等，妳絕對不會將就。妳寧可一個人慢慢地前進，也不要被一個不懂的人，一直困在原點；妳寧可一個人活得越來越確定，也不要被一份複雜的感情，混亂了愛的前程。

妳不會忘記，生命中曾經有的那一刻。那一刻妳是如此堅定地相信，妳值得真正的幸福，值得一個跟妳一樣好的人。

那就是妳跟幸福，永遠不變的約定。

幸福，
我們一定後會有期。

天涯海角，我會等妳，
等那個終於走過來的自己。
等她明白，愛錯並不可惜，
是一直留在錯裡，才是對自己最傷的辜負。

天涯海角，我會等你，
等那個終於找到我的你。
不是僥倖，全是累積，
那是你我承受了失去，才終於遇見的珍惜。

我一定會等你，
等當時自以為的幸福，
最後會變成什麼樣子，來與我相遇。

那就是我終於明白，原來幸福的發生，
並不是運氣，而是堅定地相信，
只要好好把持自己，保護好自己，
就一定有一個跟妳一樣努力的人，
會懂妳的善良和努力。

幸福，我們一定後會有期。

Best Wishes

國家圖書館出版品預行編目資料

你不是失敗，你是值得更好的 / 角子 著 .--- 初版 .--
臺北市：平裝本 . 2020.1 面；公分（平裝本叢書；
第 499 種）（角子作品集；5）
ISBN 978-986-98350-4-6（平裝）

1. 戀愛 2. 生活指導

544.37　　　　　　　　　　　　　　108020528

平裝本叢書第 499 種
角子作品集 05

你不是失敗，
你是值得更好的

作　　　者—角子
發 行 人—平雲
出 版 發 行—平裝本出版有限公司
　　　　　　　台北市敦化北路 120 巷 50 號
　　　　　　　電話◎ 02-2716-8888
　　　　　　　郵撥帳號◎ 18999606 號
　　　　　　　皇冠出版社（香港）有限公司
　　　　　　　香港銅鑼灣道 180 號百樂商業中心
　　　　　　　19 字樓 1903 室
　　　　　　　電話◎ 2529-1778　傳真◎ 2527-0904
總 編 輯—許婷婷
美 術 設 計—今叨
著作完成日期— 2019 年 09 月
初版一刷日期— 2020 年 01 月
初版二十七刷日期— 2023 年 03 月
法律顧問—王惠光律師
有著作權 · 翻印必究
如有破損或裝訂錯誤，請寄回本社更換
讀者服務傳真專線◎ 02-27150507
電腦編號◎ 417054
ISBN ◎ 978-986-98350-4-6
Printed in Taiwan
本書定價◎新台幣 350 元 / 港幣 117 元

● 皇冠讀樂網：www.crown.com.tw
● 皇冠 Facebook：www.facebook.com/crownbook
● 皇冠 Instagram：www.instagram.com/crownbook1954
● 皇冠蝦皮商城：shopee.tw/crown_tw